发现中国"义利99"

DISCOVERING "SOCIAL VALUE99"
IN CHINA

A股上市公司社会价值评估报告
(2018)

社会价值投资联盟(深圳)／著

主编／马蔚华

A-SHARE LISTED COMPANY SOCIAL VALUE ASSESSMENT REPORT (2018)

社会科学文献出版社
SOCIAL SCIENCES ACADEMIC PRESS (CHINA)

编委会

顾　　问　王　平　王　名　卢　迈　汤　敏　秦　朔

主　　编　马蔚华

执行主编　白　虹

编　　委　王国平　王晓津　李　文　刘剑雄　汪亦兵
　　　　　　张子炜　芮　萌　赵永刚　Karl H. Richter
　　　　　　Willem Vosmer

撰　　稿　白　虹　汪亦兵

调　　研　陶林林　王　岚　张沛超　马文年　卢　轲
　　　　　　姜亚晨

社会价值即义利并举，又称可持续发展贡献值或综合价值，指组织为建设更高质量、更有效率、更加公平和更可持续的美好未来，通过创新的生产技术、运营模式和管理机制等方式，所实现的经济、社会和环境综合贡献。

上市公司社会价值评估模型是对组织所创造的社会价值进行量化评估的工具，以呈现经济、社会和环境综合贡献为目的，以考量"目标丨驱动力、方式丨创新力、效益丨转化力"为逻辑，以经验理性与数据回测相结合的方法建立而成。

"义利99"排行榜是A股上市公司社会价值年度榜单，以上市公司社会价值评估模型为工具，以沪深300成份股为对象，以公开披露信息和交叉验证数据为基础，由社会价值投资联盟（深圳）牵头，由中外公益智库、数据及技术服务方和项目组跨界协同完成。

发现中国"义利99"是在探求带动中国走向强起来时代的市场力量、找寻推进世界可持续发展的中国动力。

主编简介

马蔚华　社会价值投资联盟（深圳）当值主席、国际公益学院董事会主席、壹基金理事长、中国企业家俱乐部理事长。曾任中国人民银行海南省分行行长兼国家外汇管理局海南省分局局长、招商银行执行董事、行长兼首席执行官等职务。在任职招商银行期间率先利用信息化网络技术改造银行业务，14年将招商银行发展成为全国第6大、全球第44大商业银行。2013年卸任招商银行行长后全职投入公益领域，在国内大力推广可持续发展金融的理念。

曾获国内外权威机构与媒体授予的各项荣誉近百项。2001年获评"CCTV中国经济年度人物"、2005年获评英国《银行家》杂志"银行业希望之星"、2009年获评"CCTV中国十年商业领袖"。被美国《机构投资者》杂志评为"2007年度亚洲最佳CEO"、"2008年度亚洲银行业领袖"、"2009年度亚洲最佳行长"和"2011年度亚洲杰出CEO"。被《亚洲金融》杂志评为"2009年度亚洲最佳CEO"。2012年获评《哈佛商业评论》"中国上市公司卓越50人"、"CCTV中国海外投资年度人物"，入选《华尔街日报》"中国影响力排行榜"第四位，并获得"安永企业家2012国家大奖"。

社会价值投资联盟（深圳）简介

社会价值投资联盟（深圳）（简称"社投盟"），是由友成企业家扶贫基金会、中国社会治理研究会、中国投资协会、清华大学明德公益慈善研究院领衔发起，由近50家机构联合创办的中国首家专注于社会价值（义利并举）投资促进的国际化新公益平台。

我们的使命

- 倡导一个共识——提升商业回报与创造社会福祉、保护生态文明并举；
- 建立一个标准——社会价值评估体系；
- 打造一个生态——"义利并举"的价值链和生态圈。

我们在做什么

一、倡导社会价值投资理念

建立专注于社会价值投资的价值链及生态圈的研究和传播中心，举办社会价值投资主题论坛，发起中国首家社会价值投资理念倡导新媒体"中国社创号"。

二、建立社会价值评估标准

社投盟协同金融机构、上市公司、学术机构、政策研究机构等海内外组织，通过"跨界协同、智慧众筹"的方式，构建中国社会价值评估体系，从目标丨驱动力（AIM）、方式丨创新力（APPROACH）、效益丨转化力（ACTION）三个方面考量组织所创造的经济、社会和环境综合贡献。目前社投盟已根据中国社会价值评估体系，研发出全球首套针对上市公司经济、社会、环境效益的量化评估模型——上市公司社会价值评估模型。

三、打造社会价值投资生态

• 发现中国义利99——A股上市公司社会价值评估

发现中国"义利99"是以推动可持续发展为宗旨，以联合国SDGs和中国五大发展理念为依据，以"上市公司社会价值评估模型"为工具，以量化评估经济、社会和环境综合贡献为内容的社会创新项目。该项目创造了四项全球首例，即首次建成了"社会价值评估体系"（上市公司社会价值评估模型）、首次完成了对上市公司社会价值评估（"义利99"排行榜）、首次编制了社会价值股票指数（义利99指数）、首次发布上市公司社会价值评级（在Wind金融终端发布）。

• GO*SU 闯成社创独角兽

社投盟联手美国奇点大学等多家机构打造全球首个社创独角兽培育项目，从社会问题、商业模式、科技和资本四大板块着手，旨在通过发现、培育、共闯来帮助社创企业实现指数型成长与突破式创新，加速影响中国社会的未来社创独角兽成长。

前　言

《发现中国"义利99"》（2018）是此类年度报告的第二次发布。

"义利99"全称是"A股上市公司社会价值义利99"，指以"上市公司社会价值评估模型"为工具，以沪深300成份股为对象，以经济、社会和环境综合贡献为内容，其价值量化得分居前99位的A股上市公司。

《发现中国"义利99"》年度报告期冀达到以下目的：第一，用社会价值评估模型发现上市公司中符合"义利并举"标准的公司，义利并举是社会价值在商业领域的中国概括；第二，通过数据回测的方式，实证"义利并举"的公司也有相对更好、更平稳的市场表现；第三，通过对这些公司的画像分析，总结出"义利并举"公司的主要特征，以期可供更多的企业借鉴和学习。当然，所有的目的都服务于一个总的使命：让越来越多的企业认识到"义利并举"作为企业发展模式的可能性和未来必然性，让越来越多的投资者认识到投资中以社会价值为判断的可能性和未来必然性。

《发现中国"义利99"》年度报告的主体产出包括两大部分。第一，是"义利99"榜单中的99家企业排名及特征分析，包括了"发现义利99""对比义利99""洞察义利99"三个章节；第二，是义利99指数及其回测分析。如果说，义利99榜单是一个静态的截面扫描，那么义利99指数就是一个动态的历史追踪分析。

在报告呈现形式上，和上年相比有较大的变化。本年度整个报告由三个篇章构成，三个篇章之间既互相联系又互相独立。上篇"超越增长"主要呈现了报告的思想资源和模型原理；中篇"回归价值"是报告的主体；下篇"永续发展"阐述了对商业新文明的展望。读者可以根据需要和自己对社会价值以及"义利99"的了解程度，选择报告的阅读入口。

特别希望强调的一点是，从上榜的企业类型来看，2018年"义利99"中的国有企业共64家，比2017年增加5家，其中央企40家、地方国企24家；民营企业共25家，与2017年保持一致。从比例来看，民营企业约占四分之一。导致这个结果的原因是多方面的，既有历史的原因，也有政策的原因。但对这25家民营企业的分析，却给我们带来鼓励和启示。第一，25家民营企业都是和民生息息相关的行业，是满足社会需求的重要贡献者；第二，25家民营企业平均成立年限19年，都是我国改革开放的参与者和见证者，已经表现出基业长青的特点；第三，虽然处于高度竞争的领域，但平均净利润率为8%，平均纳税总额22亿元，表现出较强的竞争能力。众所周知，我国的民营企业正面临改革开放以来最大的挑战，但25家上榜公司是民营企业困难时刻的一道亮光。

虽然已经是第二次发布，发现中国"义利99"还在探索、检验、提升和迭代的路上。我们相信，随着更多投资者的关注、更多上市公司更好地承担信息披露的责任和义务、社会对社会价值这一概念的更高认同，"义利99"将不会局限于沪深300，一定会得到更广泛的应用。

人类的新文明已经出现各种征兆，表现在经济上，多元经济、包容发展、普惠共享越来越成为主题；表现在社会上，更多的社会连接、民族融合以及社会互助也已经是主要趋势；表现在技术上，人工智能、大数据以及区块链将重塑社会的信用体系，彻底改变政府、市场和社会之间的关系；尤其是表现在科学上，复杂性理论正在彻底颠覆基于二元认知模式的所有科学理论。如果说二元认知模式下是一个黑白世界，那么一个真正有色彩的文明正在走来。

风起于青蘋之末，《发现中国"义利99"》是这个新文明浪潮到来的征兆之一。

序 一

首先，我代表社投盟和编委会，祝贺荣登2018年"义利99"排行榜的上市公司！致敬用货币选票支持"义利99"上榜公司的机构和个人投资者！

在庆祝改革开放40周年大会上，习近平主席再次提出了中国从站起来、富起来到强起来的三次历史飞跃。中国如何由富而强？世界怎样可持续发展？我们一直在思考，这些宏大的时代命题，是否有简明的解题思路……

自2016年10月开始，社投盟以跨界协同、智慧众筹的方式启动了发现中国"义利99"——A股上市公司社会价值评估的研发项目。"发现"是指系统性的量化评估，"中国"是指以华夏文明作为评估标准的底层逻辑，"义利"是指上市公司所创造的经济、社会和环境综合价值，"99"则是指从沪深300成份股中优选出的99家A股上市公司。发现中国"义利99"就是在找寻带动中国从"富起来"走向"强起来"的经济力量，洞察中国参与、推动乃至引领全球可持续发展的成长路径。

在资源匮乏的情况下，社投盟项目团队与海内外百余位专业志愿者密切配合，在短短两年内完成了模型搭建、信息库建设、数据分析、市场回测、指数验证等海量工作，并先后推出了量化评估工具、"义利99"年度榜单、社会价值评级以及义利99指数等。在头部公募基金公司的带动下，主动权益和ETF指数基金产品也进入了开发阶段。发现中国"义利99"已快速成长为多元化的金融服务产品组合。

发现中国"义利99"既是一次将经济、社会和环境纳入价值计量的科学探索，也是一次将更高质量、更有效率、更加公平和更可持续发展的理想照进现实的创新努力。它在以产品思维去尝试破解时代命题。

从产品价值点看，"义利99"榜单是一份上市公司经济、社会、环境全能赛的成绩单，激励头部企业以创新驱动全面发展。义利99指数犹如可持续发展贡献值的晴雨表，引导资本回归综合价值投资。从产品价值链看，评估工具将全球可持续发展共识、中国五大发展理念和义利并举的价值主张，注入榜单、评级、指数、基金等各类产品，各类产品有效链接资本、信息、人力等生产要素，从而促进资源配置从单维增长向综合发展转移。从产品的价值圈看，通过与联合国等国际组织的协同研发，可逐步打造出源自中国的可持续发展国际标准。

尽管过去取得了一些成绩，未来也承载了许多期许，发现中国"义利99"毕竟还是一项社会创新实验，还有诸多尚待改进之处。作为社投盟主席和本报告主编，一方面我感谢专业志愿者的奉献和项目团队的坚韧；另一方面我也期待着，各界同仁给予大力的支持和坦率的建议。

福特汽车前董事长比尔·福特曾说，"一个好公司能为顾客提供优秀的产品和服务，一个伟大的公司不仅能为顾客提供优秀的产品和服务，还竭尽全力使世界变得更美好"。衷心期盼，"义利99"上榜公司和投资机构能够久久义利，在中国乃至世界舞台上，引领时代变革、投向美好未来！

社会价值投资联盟（深圳）轮值主席
国际公益学院董事会主席
2018年12月于深圳

序 二

2018年版《发现中国"义利99"》如期而至。

自2017年版《发现中国"义利99"》首发之后,我就开始期待今年的报告。作为一个产品的创始设计人,这种期待再正常不过了。这个产品是否完美?这个产品是否有价值?这个产品是否符合我们的预期?我现在越来越认识到,产品思维不应该仅是市场领域的一种能力,更应该成为社会领域的思维模式。特别是,当我们提供的是一个思想产品的时候,比满足社会需要更重要的是引领或启发人们更高层次的需要。这便是我对社会价值评估模型的期待。

感谢社投盟的团队和专业志愿者的共同努力,《发现中国"义利99"》再度面世。和上年的结果相比,今年的结果在两个方面都体现出很强的一致性。第一,榜单成员的一致性,有69家再度上榜;第二,99家样本在市场表现上依旧优于A股市场指数。这表明,这个模型的结果具有可重复性。对于一个评估模型而言,结果的一致性是检测其科学性的重要判断。而对于以评测社会价值为目标的模型来讲,一致性就显得更加重要。因为一个追求社会价值的企业,必定是以长期的发展目标为归依的,因而其经济表现也应该更稳定。这种稳定性对于投资而言至关重要,因为投资的本质就是对未来不确定性的预测。我相信并希望社会价值评估模型未来可以成为价值投资者的工具。

巴菲特曾经说过:当别人恐惧的时候我贪婪,当别人贪婪的时候我恐惧。很多人简单地将此理解为投资的时候要逆向操作。我对此有不同的理解：只有在经济或市场下行的时候，才更容易发现一个企业的真正价值。所以，当经济周期或市场处于下行调整的时候，我们更需要准确地去挖掘和发现那些真正创造价值的公司。这样的发现，不仅可以提振社会对经济的信心，也可以让更多的企业知道基业长青的原因。如果巴菲特把这个时候发现的企业称为价值企业，那我们可以把用社会价值模型在当前这个时点发现的企业称作"基石企业"，正是这些企业创造的社会价值支撑着国家的经济发展。如此看来，《发现中国"义利99"》的发布就显得更加有意义，因为当代中国更加需要这样的"基石企业"。

因此，我用对"义利99"团队和专家的感谢，以及对"义利99"报告将对社会产生影响的期待作为我的序言。

社会价值投资联盟（深圳）创始主席
友成企业家扶贫基金会理事长
2018年12月于北京

序 三

商业文明演进中的一个新坐标。

四十不惑。当我们即将告别风雨相伴的2018年，迈向改革开放新的征程时，我们迎来了《发现中国"义利99"》第二次发布。这份基于沪深300成份股的A股上市公司社会价值评估报告，可以折射出怎样的时代轨迹？又昭示着什么样的未来？在此略陈己见，和大家分享。

《发现中国"义利99"》的初心，是以具有原创性的社会价值主张为基础，上接中国本土文化中"义利并举"的思想，外连联合国17个可持续发展目标，通过对公司在经济、社会和环境综合贡献的结构化度量以及负向剔除，从而建立一套完整的对社会价值进行计量和分析的工具和模型，并基于此产生相应的排行榜和评级。

应该说，这是既符合严谨的学术标准又立足中国现实，同时具备和国际资本市场评价标准相接轨能力的一项重要的体系化成果。

回顾过去四十年的中国公司历程，大致可以说，20世纪80年代是逐步商品化、市场化、自主化的阶段，90年代是探索建立"产权清晰、权责明确、政企分开、管理科学"的现代企业制度的阶段，21世纪的前十年是进一步和世界市场、国际规则接轨的阶段，最近十年则是越来越倡导高质量发展和公司社会责任的阶段。

2005年，中国修订的《公司法》第五条规定："公司从事经营活动，必须遵守法律、行政法规，遵守社会公德、商业道德，诚实守信，接受政府和社会公众的监督，承担社会责任"。首次明确了公司社会责任的法律属性。

2008年，中国国家领导人在亚太经济合作组织（APEC）第十六次领导人非正式会议上提出，"企业应该树立全球责任观念，自觉将社会责任纳入经营战略，完善经营模式，追求经济效益和社会效益的统一"。

截至2013年，中国的央企实现了"企业社会责任报告"发布的全覆盖。

2015年，十八届五中全会提出了创新、协调、绿色、开放、共享的发展理念。

2017年，十九大报告提出，我国经济已由高速增长阶段转向高质量发展阶段，正处在转变发展方式、优化经济结构、转换增长动力的攻关期，建设现代化经济体系是跨越关口的迫切要求和我国发展的战略目标。

如果从国际视角来看，2008年由美国肇始的国际金融危机引发了一场对以华尔街为代表的股东资本主义和虚拟资本主义的深刻反思。此后，既有《21世纪资本论》《断层线》这样从资本收益和劳动收益的巨大偏离角度开展的反思，又有以麦肯锡前董事长鲍达民（Dominic Barton）为代表的"从季度性资本主义向长期资本主义转变"的倡导。但总体看，追求长远主义，实现利益相关者均衡，建立使命驱动的长期性组织结构，是一个基本的趋势。从企业界到金融界，从政府到社会，越来越强调，从长期来看，一个公司的商业利益和社会利益是一致的，每个健康的、表现良好的公司都有义务利用自己的优势来帮助社会，善待环境，而这些做法可以增强公司的生存能力与竞争能力。公司应该为顾客和社会解决问题，而不是成为新问题的制造者。

我们看到，无论国内国外，无论法律还是政府理念，乃至于全社会的呼吁，都在倡导公司走义利并举之路，走可持续发展之路。但是，仅仅靠倡导呼吁并不足够。因为逐利的冲动会一直扩张，直到遇到无法逾越的边界。

在我看来，在"塑造无法逾越的边界"这方面，媒体和资本市场都能起到巨大的作用。如果媒体能够秉持对社会负责的公义之心，揭露对利益相关者不负责任的公司种种问题，以使信息透明，就能极大地制约唯利是图的恶德。而资本市场用脚投票，奖励那些 doing good 的善公司、绿公司，惩罚那些失责公司、败德公司，就能校正市场的评价标准，令正道畅顺，歪门邪道消弭。这都不容易，都要久久为功，但只要做，就有希望。

《发现中国"义利99"》于 2017 年正式发布，从社会价值和商业文明的角度看，可以说是中国确立新发展理念之后的一个里程碑、一个新坐标。

风雨如晦，鸡鸣不已。既见君子，云胡不喜？《发现中国"义利99"》就是君子之作，功在社会，其善大焉！

秦朔朋友圈创始人
中国商业文明研究中心创始人
2018 年 12 月于上海

目 录

Ⅰ 上篇 超越增长

R.1 探究"义利99":社会价值与评估工具 …………………… 003
    一 社会价值 ……………………………………………… 004
    二 评估工具 ……………………………………………… 007
    三 义利99 ………………………………………………… 020
    四 小结 …………………………………………………… 032

Ⅱ 中篇 回归价值

R.2 发现"义利99":榜单总览与群体画像 …………………… 035
    一 榜单总览 ……………………………………………… 035
    二 前三强概述 …………………………………………… 039
    三 群体画像 ……………………………………………… 041
    四 义维特征 ……………………………………………… 046
    五 利维特征 ……………………………………………… 048
    六 聚焦分析 ……………………………………………… 054
    七 小结 …………………………………………………… 074

R.3 对比"义利99"：沪深300及比较优势 ………………………… 075
    一 合力对比 …………………………………………………… 075
    二 义维对比 …………………………………………………… 078
    三 利维对比 …………………………………………………… 080
    四 小结 ………………………………………………………… 084

R.4 洞察"义利99"：行业解读与聚焦分析 ………………………… 085
    一 行业排名 …………………………………………………… 085
    二 上榜比率 …………………………………………………… 086
    三 价值贡献 …………………………………………………… 087
    四 聚焦分析 …………………………………………………… 088
    五 小结 ………………………………………………………… 107

R.5 观测"义利99"：指数编制与追踪对比 ………………………… 109
    一 义利99指数 ………………………………………………… 109
    二 走势对比 …………………………………………………… 110
    三 小结 ………………………………………………………… 116

Ⅲ 下篇 永续发展

R.6 瞭望"义利99"：社会价值与商业文明 ………………………… 121
    一 商业文明的迁徙 …………………………………………… 121
    二 社会价值的接纳 …………………………………………… 128
    三 社会价值的载体 …………………………………………… 129
    四 社会价值的价值 …………………………………………… 131
    五 社会价值的改进 …………………………………………… 133
    六 小结 ………………………………………………………… 134

Ⅳ 附录

R.7 附录一 上市公司社会价值评估模型——评估原理 ……… 139

R.8 附录二 上市公司社会价值评估模型——筛选子模型 …… 141

R.9 附录三 上市公司社会价值评估模型——评分子模型 …… 143

R.10 附录四 上市公司社会价值评估模型——补充说明 …… 146

R.11 附录五 2018年度剔除上市公司汇总 ……………………… 150

R.12 附录六 2018年度A股上市公司社会价值义利99
排行榜 …………………………………………………… 152

R.13 附录七 2018年度"义利99"上榜公司社会
价值评级 ………………………………………………… 157

R.14 附录八 义利99指数编制方案 …………………………… 161

R.15 附录九 大事记 …………………………………………… 164

R.16 致　谢 ………………………………………………………… 167

R.17 声　明 ………………………………………………………… 170

上篇　超越增长

用"质量性改进"替代"数量性扩张",这是未来进步的经济范式。

——赫尔曼·E.戴利(美)

R.1

探究"义利99"：
社会价值与评估工具

"义利99"是从沪深300成份股中遴选出的99家上市公司，而发现中国"义利99"就是公布了一份排行榜及其评估报告。在每年发布几千份甚至几万份排行榜的中国，这不过是沧海一粟。然而，就在《发现中国"义利99"——A股上市公司社会价值评估报告（2017）》于2017年12月15日首发中文版后，《证券时报》、新华网、第一财经、和讯网、FT、南华等百余家海内外主流媒体争相报道；在日内瓦发布英文版后仅三周，全球专业基金公司富达国际的40多位投资经理和分析师赴深圳深入了解项目情况；在2018年9月联合国大会期间，开发计划署邀请社会价值投资联盟（深圳）（以下简称"社投盟"）出席市场力量推动可持续发展会议，向全球代表分享"义利99"的理念和实践。为什么这"一粟"竟然能震动"沧海"？它发生的根源是什么？获得了哪些洞察？又具有怎样的价值呢？

发现中国"义利99"是以推动可持续发展为宗旨，以联合国SDGs[①]

[①] 联合国可持续发展目标（Sustainable Development Goals，SDGs）是一系列新的发展目标，指导2015~2030年的全球发展工作。2015年9月25日，联合国可持续发展峰会在纽约总部召开，193个成员国在峰会上正式通过17个可持续发展目标。可持续发展目标（SDGs）旨在从2015年到2030年间以综合方式彻底解决社会、经济和环境三个维度的发展问题，转向可持续发展道路。

和中国五大发展理念[①]为依据，以"上市公司社会价值评估模型"（以下简称"评估模型"）为工具，以量化评估经济、社会和环境综合贡献为内容的社会创新项目。该项目由公益组织社投盟牵头，来自42家中外机构68个专业志愿者（Pro Bono）跨界协同，历时14个月开发完成。发现中国"义利99"创造了四项全球首例，即首次建成了"社会价值评估体系"（上市公司社会价值评估模型）、首次完成了对上市公司社会价值评估（"义利99"排行榜）、首次编制了社会价值股票指数（义利99指数）、首次发布了上市公司社会价值评级（在Wind金融终端发布）。目前，国内领先的基金公司正与社投盟合作开发主动配置基金和ETF基金产品。更出乎意料的是，以"义利99"排行榜为基础编制的"义利99指数"，从2016年11月23日至今，其收益领跑上证50、沪深300、中证800、上证综指、创业板指和深证成指等A股主流指数。

社会价值评估及其应用产品究竟是风口上的"飞猪"，还是将理想植入现实的"种子"？本文就从厘清社会价值主张、解构评估模型工具的视角，去透视"义利99"群体。

一　社会价值

本报告所称的社会价值即义利并举，又称可持续发展贡献值或综合价值，指组织（含营利性和非营利性机构）为建设更高质量、更有效率、更加公平和更可持续的美好未来，通过创新的生产技术、运营模式和管理机制等方式，所实现的经济、社会和环境综合贡献。

[①] 五大发展理念于2015年10月在中国共产党第十八届五中全会上提出。全会强调，实现"十三五"时期发展目标，破解发展难题，厚植发展优势，必须牢固树立并切实贯彻创新、协调、绿色、开放、共享的发展理念。

社会价值包括三方面内容:"目标"是建设更高质量、更有效率、更加公平和更可持续的美好未来;"方式"是创新的生产技术、运营模式和管理机制;"效益"是实现的经济、社会和环境综合贡献。在评估社会价值时,"目标"重点考察驱动力,即"组织为什么存续";"方式"重点考察创新力,即"组织如何可持续";"效益"重点考察行动力,即"组织创造了怎样的价值"。由于目标、方式和效益的英文 AIM、APPROACH 和 ACTION 的首字母都是"A",驱动力、创新力和转化力结尾词都是"力",社会价值又被称为"3A 三力"的价值主张。

(一)思想渊源

关于社会价值的内涵,德国哲学家马克斯·韦伯在《新教伦理与资本主义精神》[①] 中提出的工具理性和价值理性、英国经济学家阿瑟·赛斯尔·庇古在《福利经济学》[②] 中提出的外部效应、美国政治学家约翰·罗尔斯在《正义论》[③] 中提出的"公平的正义"等传统哲学、经济学和社会学都进行过相关论述。进入 21 世纪,美国哈佛大学教授威廉·克拉克等学者基于跨学科研究提出了新兴"可持续发展科学",即以研究地球"承载能力"为核心,探索经济、社会和生态的交互影响。马里兰大学公共事务学院教授赫尔曼·戴利在《超

---

① 《新教伦理与资本主义精神》是德国哲学家马克斯·韦伯创作的社会学著作,首次发表于 1904~1906 年《社会学和社会福利档案》杂志上,后收录于《宗教社会学论文集》。
② 庇古是福利经济学的创始人,被称为"福利经济学之父",他的《福利经济学》是在其 1912 年出版的《财富与福利》一书基础上加工改写而成的。《福利经济学》是要"研究在现代社会实际生活中影响经济福利的重要因素。
③ 《正义论》是美国哈佛大学教授约翰·罗尔斯创作的政治学著作。《正义论》是一部学术内容丰富、思辨难度颇大的著作,不仅反映了西方学术界 20 年来争论的主要问题,而且深刻反映了西方社会的内在矛盾,为读者思考正义问题提供了文献。

越增长——可持续发展的经济学》[①] 一书中提出了更有远见的思想。他强调增长是数量性的扩张，而发展则是质量上的改善。可持续发展是生态、社会和经济的集成，要告别"以增长为核心"的数量发展观，建立"以福利为中心"的质量发展观。这些都为中国提出社会价值主张提供了养分。

追根溯源，本报告提出的"社会价值"基于两大思想脉络。

一是秉承了中国"义利并举"文化传统。与西方形式逻辑发展起来的线性思维不同，东方智慧崇尚全局性、系统性的思考方式。早在2500多年前，先祖就在《周易》中提到"利者，义之和也"，"夫进物之速者，义不若利；存物之终者，利不及义"。此后尽管儒道墨法在"义利轻重"上有所差异，但都认同"义利一体""天人合一"是发展的本质规律。社会价值正是当代语境中的义利并举。

二是契合了联合国提出的可持续发展思想。2015年9月25日，联合国可持续发展峰会在纽约总部召开，193个成员国在峰会上正式通过17个可持续发展目标。可持续发展目标（SDGs）旨在从2015年到2030年以综合方式从根本上解决社会、经济和环境三个维度发展问题。社会价值的宗旨就是推动社会从"单维增长"走向"多维发展"。

作为一种跨界创新的探索，社会价值以回归价值为核心、以推动可持续发展为目标。它既蕴含了激励微观实体对经济、社会和环境做出综合贡献的美好理想，也符合价值创造、价值传递和价值变现的市场规律。

[①] 《超越增长——可持续发展的经济学》是2005年上海译文出版社出版的图书，作者是戴利。本书是美国著名生态经济学家赫尔曼·E. 戴利对环境经济和可持续发展的理论、政策研究的集大成著作，也是90年代以来在环境与发展领域发挥着相当重要作用的著作。

（二）逻辑体系

本报告借鉴了信息科技的思维方式，将"社会价值评估体系"分为基础层、工具层和应用层三层架构（见图1）。基础层关注"逻辑"，重点在于可持续发展理念与现有主流认知体系如何自洽。主流认知体系包括公共政策、学术理论以及最有威力的文化积淀。应用层关注"需求"，重点在于是否融入政府管理、企业运营和百姓生活中。而如何促进政府、市场和社会密切协同，长期以来极为短缺的就是"工具"，尤其是能广泛应用且逻辑自洽的"利器"。

二 评估工具

在勾勒了社会价值评估体系后，再深入解读如何构建、验证和应用评估工具——上市公司社会价值评估模型。

（一）模型构建

"评估模型"是以经济、社会和环境综合贡献为内容，以"目标｜驱动力、方式｜创新力、效益｜转化力"3A三力为逻辑，以沪深300为代表的A股上市公司公开数据为样本，以分类树、逻辑回归等技术为方法建立而成，是一个具有鲜明价值主张的评估工具。

如图2所示，"评估模型"由"筛选子模型"和"评分子模型"两部分构成。"筛选子模型"（详见附录二）是社会价值评估的负向剔除评估工具，包括6个方面（产业问题、行业问题、财务问题、重大负面事件、违法违规、特殊处理）、18个指标，对评估对象进行"是与非"的判断。如评估对象符合任何一个指标，即被判定为资质不符。"评分子模型"（详见附录三）是社会价值的正向量化评估工

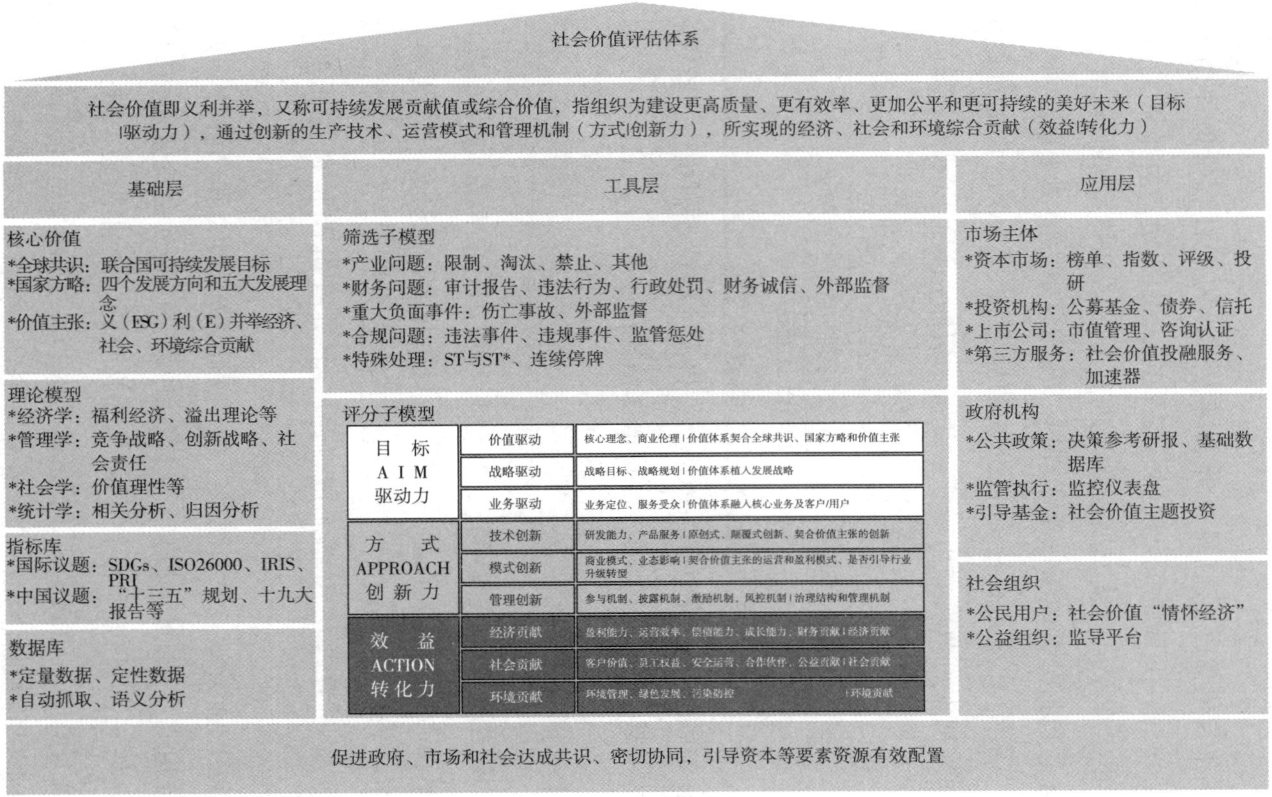
社会价值评估体系
社会价值即义利并举，又称可持续发展贡献值或综合价值，指组织为建设更高质量、更有效率、更加公平和更可持续的美好未来（目标|驱动力），通过创新的生产技术、运营模式和管理机制（方式|创新力），所实现的经济、社会和环境综合贡献（效益|转化力）
基础层
核心价值
*全球共识：联合国可持续发展目标
*国家方略：四个发展方向和五大发展理念
*价值主张：义（ESG）利（E）并举经济、社会、环境综合贡献
理论模型
*经济学：福利经济、溢出理论等
*管理学：竞争战略、创新战略、社会责任
*社会学：价值理性等
*统计学：相关分析、归因分析
指标库
*国际议题：SDGs、ISO26000、IRIS、PRI
*中国议题：“十三五”规划、十九大报告等
数据库
*定量数据、定性数据
*自动抓取、语义分析
工具层
筛选子模型
*产业问题：限制、淘汰、禁止、其他
*财务问题：审计报告、违法行为、行政处罚、财务诚信、外部监督
*重大负面事件：伤亡事故、外部监督
*合规问题：违法事件、违规事件、监管惩处
特殊处理：ST与ST、连续停牌
评分子模型
目标 AIM 驱动力
价值驱动
核心理念、商业伦理 | 价值体系契合全球共识、国家方略和价值主张
战略驱动
战略目标、战略规划 | 价值体系植入发展战略
业务驱动
业务定位、服务受众 | 价值体系融入核心业务及客户/用户
方式 APPROACH 创新力
技术创新
研发能力、产品服务 | 原创式、颠覆式创新、契合价值主张的创新
模式创新
商业模式、业态影响 | 契合价值主张的运营和盈利模式、是否引导行业升级转型
管理创新
参与机制、披露机制、激励机制、风控机制 | 治理结构和管理机制
效益 ACTION 转化力
经济贡献
盈利能力、运营效率、偿债能力、成长能力、财务贡献 | 经济贡献
社会贡献
客户价值、员工权益、安全运营、合作伙伴、公益贡献 | 社会贡献
环境贡献
环境管理、绿色发展、污染防控 | 环境贡献
应用层
市场主体
*资本市场：榜单、指数、评级、投研
*投资机构：公募基金、债券、信托
*上市公司：市值管理、咨询认证
*第三方服务：社会价值投融服务、加速器
政府机构
*公共政策：决策参考研报、基础数据库
*监管执行：监控仪表盘
*引导基金：社会价值主题投资
社会组织
*公民用户：社会价值“情怀经济”
*公益组织：监导平台
促进政府、市场和社会达成共识、密切协同，引导资本等要素资源有效配置

图 1　社会价值评估体系

具，包括3个一级指标（目标、方式和效益）、9个二级指标、27个三级指标和55个四级指标。

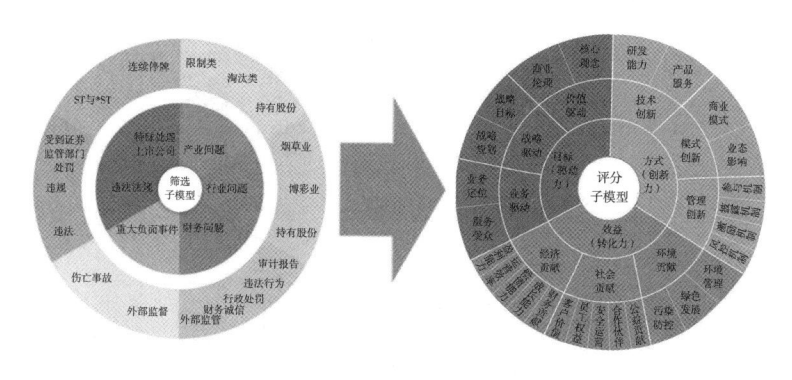

图2　社会价值评估模型

模型的公示版（含指标体系、模型版本、指标逻辑、属性标签以及赋权赋值、评价标准和权重调整的原则等）在已发布的《发现中国"义利99"——A股上市公司社会价值评估报告（2017）》中有详尽披露。模型的操作版（含赋权方法及细则、赋值方法及细则、指标定义及逻辑、议题遴选规则、多元属性标签、评价主体界定、评分原则解读、评分操作细则、评分样本示意、生产标准流程、数据完备标准、语义分析标准、数据分析指引、指数编制指引、模型优化指引等）已于2017年11月13日获得知识产权保护。模型操作手册正在持续优化中，其有关内容向评级、指数、基金和学术机构等签约合作方进行了披露。

如图4所示，为不断提升社会价值评估体系的兼容性，我们物色互联网合作伙伴，将社会和环境议题遴选、指标调整、赋权赋值等以"众包+专家"混合方式替代现有的"专家"模式；寻找学术咨询合作伙伴，对"产品/服务契合社会价值的创新、客户满意度、供应链管理"等定性指标的量化评分建立"专项模型"，更为科学地计量社会价值；寻求政策指导方，将模型打造为辅助市场监控和中观调整的

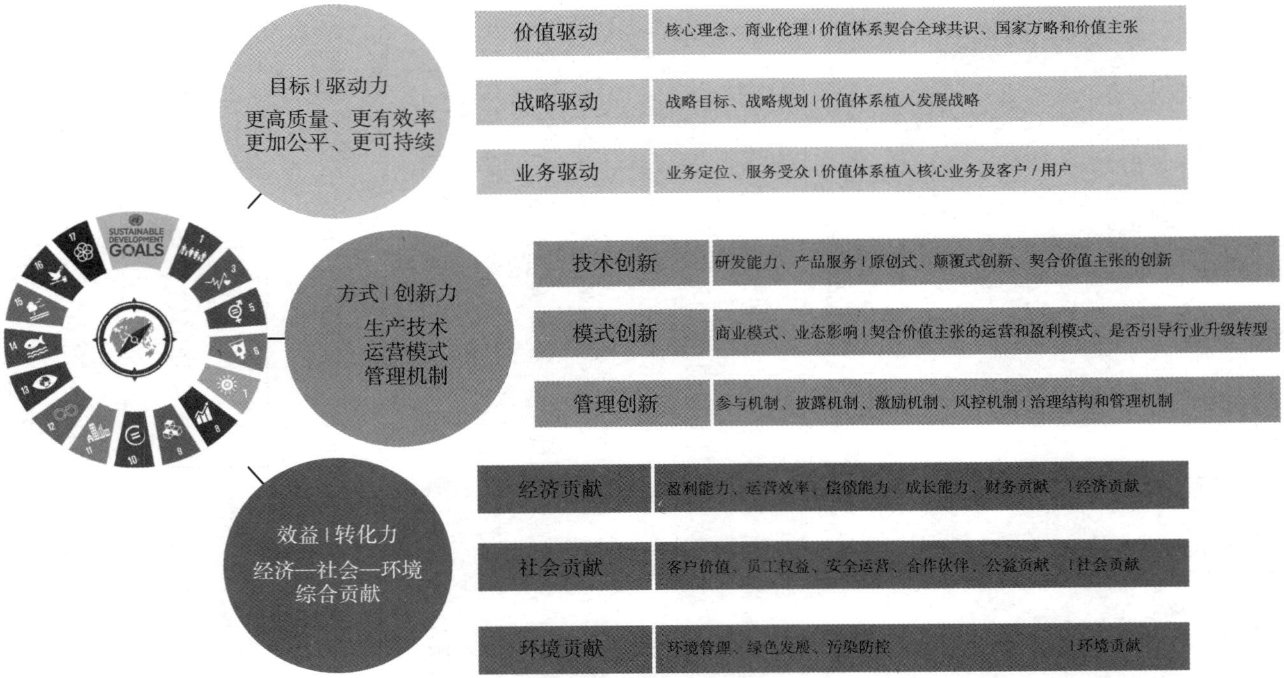

发现中国"义利99"

图 3 社会价值评估模型展开图

010

决策信息工具；商洽金融合作方，联合进行基金、债券、信托、资管等产品的开发应用；拓展国际组织类合作方，分步进行海外上市中概股、海外上市海外股的评估及评级，以及推进标准国际化工作；优选大数据和 AI 技术合作方，将算法不断优化并实现自动化语义分析。

图4 相关方共建模型工具

（二）模型治理

为保障"评估模型"建立和应用的公开、公正、公平和公允，我们着手建立并逐步完善"议事—决策—执行"三级架构。在议事层，社会价值评估标准顾问委员会（社顾委）针对模型各要素以及运行方法（核心依据、议题遴选、指标构建、数据来源、评估结果等）提出意见或建议；社会价值评估标准专家委员会（社专委）负责重大事项审议，如模型方向性调整、增减立项等。在决策层，由社会价值评估标准工作委员会（社标委）负责日常决策工作，如模型要素调整、运行规则优化等。社标委下设模型、生产监控、应用产品和数据四个工作组，负责专项议题初审。工作组由社标委领导，向符合资质的外部专家开放。决策层由主任担任召集人，采取公开投票、多数议决的方式，并进行有效披露。在执行层，由社会价值评估项目组（项目组）负责项目实施，收集并解答社顾委的建议和意见；整理重大议题的资料提交社专委审议；执行社标委决议；协同数据供应方和技术服务方开展评估生产等工作。

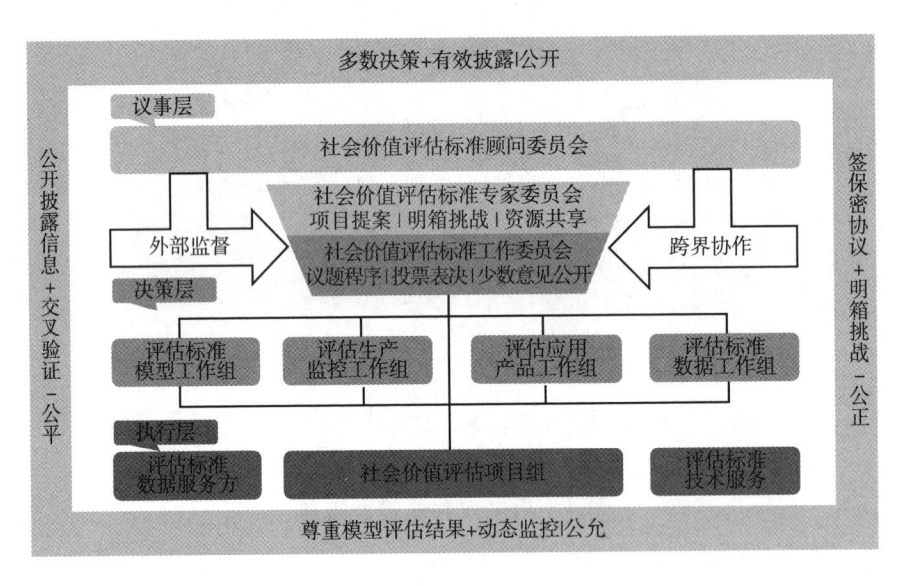

图 5　社会价值评估治理结构与工作原则

截至 2018 年 10 月 31 日，社顾委成员 84 名，含 15 位外籍人士；社专委成员 33 名，含 3 位外籍人士；社标委成员 11 名，含 2 位外籍人士。全部成员均为无薪酬的专业志愿者，均需签署并遵循以公益性和专业性为核心的"荣誉准则"，以及不谋私利、不干扰市场的"保密协议"。项目组按时间银行管理模式，统计专业志愿者对项目的贡献时长及其所创造的价值。

（三）模型验证

子曰"工欲善其事，必先利其器"。"评估模型"欲为利器，仅有明确的依据、严谨的逻辑和严格的流程是不够的。以卡尔·波普的证伪原则来判断，经济学都难以跻身为科学。如果对经济价值厘定尚充满了争议，那么，对社会福祉和环境价值的计量，就更难达成共识。就算我们举出再多的中外案例（无论是中国的百年老店、美国的"漂亮50"还是席卷全球的共享经济），或者进行再多的统计分析（无论是牛津大学教授的课题还是宾夕法尼亚大学的追踪），目前都不足以让人信服"义利并举－义利双升"为正和游戏。

我们换了个角度，将"社会价值为正和游戏"作为假设前提，以上市公司作为样本，以社会价值评估作为依据，从市场的角度看投资者如何以"货币选票"去"变现"社会价值。然后，再借助数据挖掘技术，从三维空间、聚类、相关性和回归等维度分析模型的有效性。

1. 市场回测

在社顾委、社专委的支持和社标委的指导下，项目组于2018年8月完成了近五年的社会价值评估，编制了义利99指数并进行了市场回测。

作为全球首只社会价值主题指数，义利99指数以"义利99"上榜公司为样本股编制全收益指数。该指数以2013年12月16日为基期，1000点为基点，在五年回测期内持续攀升，2018年1月23日触达最高点位2492.75点。自2016年11月23日起，义利99指数一举超越创业板指，连续8个季度领先所有A股主流指数。

为透视货币选票"变现"社会价值的情况，我们从四个方面进行了指数走势对比。

从指数基准对比看，在回测期的19个季度中，有15个季度义利99指数的涨幅大于沪深300，这说明"评估模型"有较为稳定的"优中选优"能力。

从指数横向对比看，在回测期内，义利99指数的累计涨幅跑赢上证50、沪深300、中证800、上证综指、创业板指和深圳成指等A股主流指数，且领先幅度逐步拉大。这说明"评估模型"有着很强的"价值发现"能力，精准地反映了A股市场严控金融风险、遏制投机炒作和回归价值投资的发展趋势。

从样本内部对比看，我们按社会价值评分将沪深300分为三组，增编了"中间99"与"倒数99"两只模拟指数。从三只指数对比看，自2016年2月始，其单调性稳定、区分度显著，这说明"评估模型"有效。

从模型解构分析看，我们将"评估模型"中的指标按类别拆解，分别生成"义利99经济指数""义利99转化力指数""义利99创新力+驱动力指数"。对比分析发现，以全模型生成的义利99指数累计涨幅最大，这说明不仅是经济表现在引导股价上涨，上市公司的社会福祉和环境贡献，以及其创新能力和价值体系也在影响着资本投向和股票价格。

在以上四个维度对比分析的基础上，我们又将资本市场的重大事件纳入观测范畴。无论是定增、质押和资管等以风控为主的新规出台，还是人民币纳入SDR、A股纳入MSCI指数等重大利好的出现，义利99指数都保持攀升态势。

回测期内资本市场的表现，验证了以可持续发展为目标、以义利并举为标志的社会价值观念，正在被投资者用买入接纳、用增持认可。

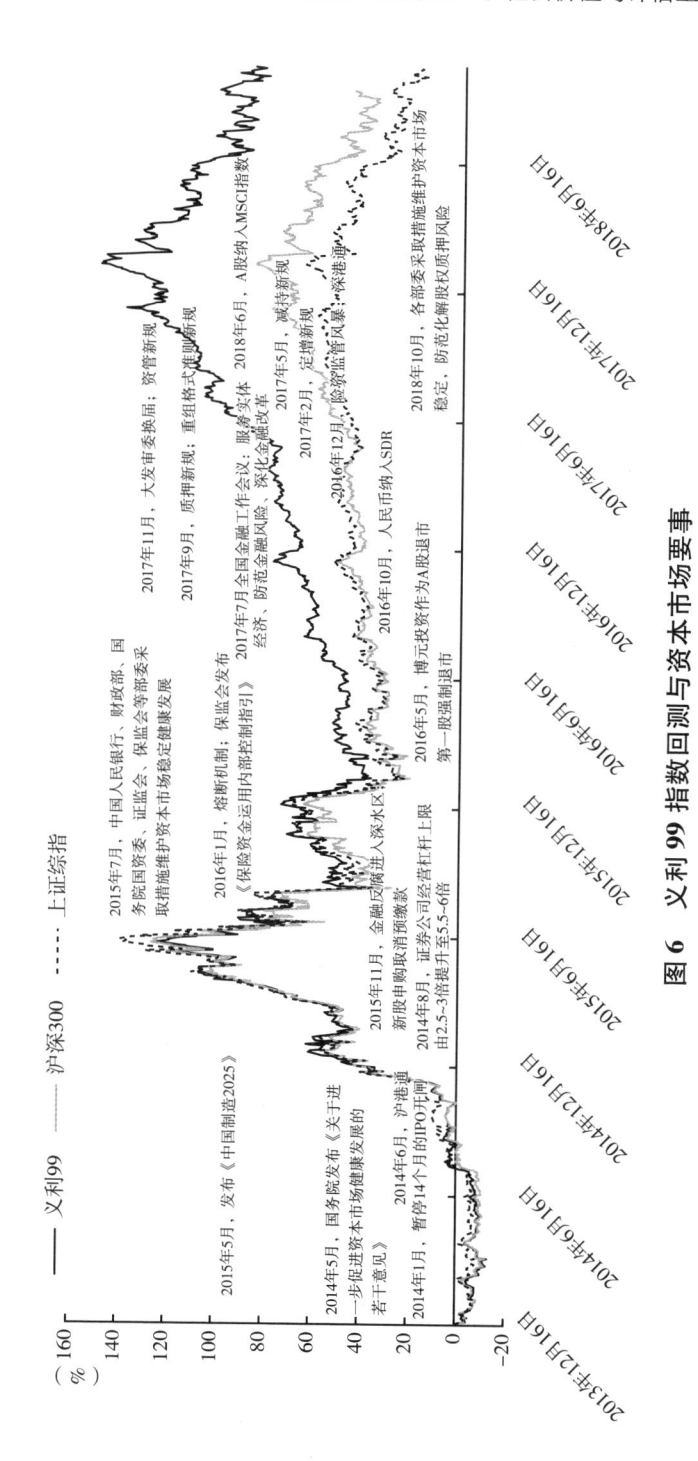

探究"义利99"：社会价值与评估工具

图 6 义利 99 指数回测与资本市场要事

2. 数据分析

为检验模型的效力，在社顾委数据分析专家的指导下，项目组于2018年5月完成了《社会价值评估数据分析报告》，以三维空间分布、聚类分析、相关性分析、回归分析等方式验证评估模型。

三维空间分布显示，"目标丨驱动力"分值高的公司，其"方式丨创新力"和"效益丨转化力"分值都不低，即驱动力强的公司（具有明确的价值体系、长期的战略布局、契合的业务定位），其创新力和转化力也很强。"效益丨转化力"分值高的公司，"方式丨创新力"分值也不低，即转化力强的公司（创造了经济、社会和环境综合贡献），其创新力也很强。从总体上看，上榜公司的目标（AIM）、方式（APPROACH）和效益（ACTION）三者合一非常重要。反过来说，如果一家公司的价值体系、创新机制和行动能力严重脱节甚至相互背离，它就不具备可持续发展能力。

聚类分析结果显示，将沪深300按照社会价值总分排名，假如排名第1到第79的公司归为同一类别，社会价值均分为60.48分；排名第80到第181的公司归为同一类别，社会价值均分为48.90分；排名第182到第300的归为同一类别，均分为39.82分。聚类分析结果与"义利99"、"中间99"和"倒数99"分群接近。"义利99"产品冠名的初衷取意于"义利并举、长久发展"，从聚类分析结果验证，以99家公司进行整体分群效果较好，有助于投资组合管理。

指标相关性显示，相关性大于50%的指标为总市值、净资产和纳税总额，而其余52项指标的关联程度均较低，说明指标选取较为全面均衡。由于沪深300全部是大盘股（市值最小的盈趣科技市值147亿元[①]）经济表现都较好，经济类指标相关性较高。考虑到"评

[①] 147亿元：本报告涉及金额的，除特殊说明外，均指人民币。

估模型"将延展应用到全A股,其经济表现差异巨大,因此相关性大于50%的经济类指标暂且维持不变。

回归分析结果显示,以"义利99"上榜公司为样本,以社会价值总分为自变量,年收益率为因变量,在回测期内社会价值与年收益率表现呈显著正相关关系,即社会价值每提高1分,公司年收益率2016年增加1.66个百分点、2017年增加0.43个百分点、2018年增加0.66个百分点。这进一步说明,公司对社会价值的创造能力越强,通过股价的变现能力就越强。

在短期炒作中,尽管股票市场似乎霎雨忽晴、捉摸不定,然而在长期投资中,将公司的经济、社会、环境综合价值创造能力纳入基本面分析,我们能够看到社会价值和股票收益持续性地同向增长。从市场回测和数据分析,验证了"社会价值为正和游戏"的假设,揭示出义利并举不仅是全球共识和国家方略,更是经商之本和投资之道。

(四)模型应用

作为可持续发展理念的载体、计量综合价值的工具,"评估模型"从应用中来,也应当到应用中去。以该模型为基础,不仅产出了"义利99"排行榜,也生成了社会价值评级和义利99指数。

1. 社会价值评级

为协助投资机构将社会价值考量纳入投资决策、提升上市公司对义利并举的认可与实践、增强监管当局对政策执行状况的洞察,2018年9月17日,社投盟与中国领先的金融数据和分析工具服务商万得资讯联合发布了全球首个A股上市公司"社会价值评级"。

社会价值评级共设10个基础等级、10个增强等级。基础等级设置为AAA、AA、A、BBB、BB、B、CCC、CC、C和D;增强等级即对AA至B基础等级用"+"和"-"进行微调,分别为AA+、AA-、A+、A-、BBB+、BBB-、BB+、BB-、B+和B-,表示在各基

图7　A股上市公司社会价值评级

础等级分类中的相对强度。

2018年6月评级结果显示，沪深300成份股中，评级最高的是中国建筑（AA+）。尚无AAA评级上市公司。2016~2018年，AA级及以上的上市公司由2家增长至22家；BBB-级及以上的上市公司在2016年有94家、2017年有104家（同比增加10.64%）、2018年有167家（同比增加60.58%）。在2017年和2018年，"义利99"上榜公司评级全部在BBB级以上。当然也要看到，在加强监管的环境下，被"筛选子模型"剔除的D级上市公司由2017年的3家激增至2018年的25家。在沪深300上市公司中，社会价值表现差异进一步加大。

表1　沪深300上市公司社会价值评级

基础等级	增强等级	等级含义	2018年	2017年	2016年
AAA	AAA	AAA是社会价值评估最高等级 表示创造经济—社会—环境综合价值能力最强 合一度高且无可持续发展风险 不受不良形势或周期性因素影响	0	0	0

续表

基础等级	增强等级	等级含义	2018年	2017年	2016年
AA	AA+	AA 是社会价值评估高等级 表示创造经济—社会—环境综合价值能力很强 合一度较高且可持续发展风险最低 较少受不良形势或周期性因素影响	1	0	0
	AA		5	1	0
	AA−		16	2	2
A	A+	A 是社会价值评估中较高等级 表示创造经济—社会—环境综合价值能力较强 合一度可接受、可持续发展风险偏低 可能受不良形势或周期性因素影响	13	4	4
	A		32	18	12
	A−		28	24	16
BBB	BBB+	BBB 是社会价值评估中等等级 表示创造经济—社会—环境综合价值能力一般 有合一度差异、有可持续发展风险 容易受不良形势或周期性因素影响	34	29	30
	BBB		38	26	30
	BBB−		34	34	29
BB	BB+	BB 是社会价值评估中下等级 表示创造经济—社会—环境综合价值能力有一定潜力 有较大合一度差异、存在可持续发展风险 受到不良形势或周期性因素影响	24	33	48
	BB		20	45	37
	BB−		15	39	49
B	B+	B 是社会价值评估较低等级 表示创造经济—社会—环境综合价值能力不强 有合一度问题、存在较大可持续发展风险 受到不良形势或周期性因素影响	13	22	17
	B		2	14	13
	B−		0	5	4
CCC	CCC	CCC 是社会价值评估较低等级 表示创造经济—社会—环境综合价值能力很差 有合一度问题、存在较大可持续发展风险 受到严重不良形势或周期性因素影响较大	0	1	2
CC	CC	CC 是社会价值评估很低等级 表示创造经济—社会—环境综合价值能力太差 有严重合一度问题、存在较大可持续发展风险	0	0	0
C	C	C 是社会价值评估极低等级 几乎没有创造经济—社会—环境综合价值能力 没有合一度、几乎无法可持续发展	0	0	0
D	D	不符合筛选子模型资质要求	25	3	7
		合计	300	300	300

2. 义利99指数

为投资机构建仓调仓及组合管理提供基础信息，并反映A股上市公司社会价值创造能力与股价走势的变动关系，社投盟与万得合作发布了义利99指数（CI003004），并于2018年11月6日在Wind金融终端上线。关于义利99指数计算方法、发布频度、临时调样和备选名单等规则，在附录八中有清晰介绍。

义利99指数不仅是社会价值与股价走势的风向标，它还可支持对ETF基金等金融产品的研究开发工作。

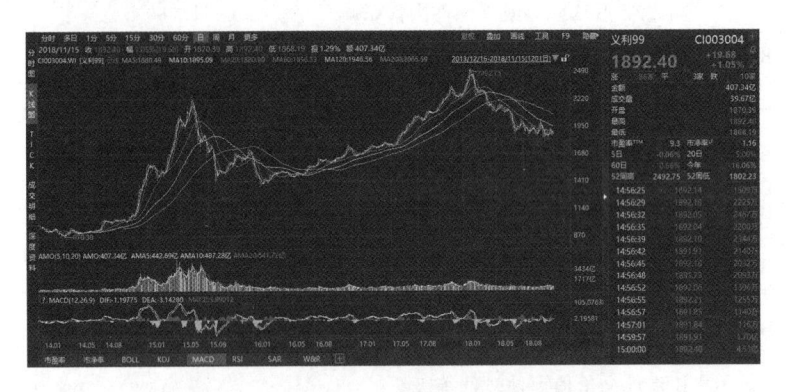

图8　义利99指数在Wind金融终端

三　义利99

"义利99"是A股上市公司社会价值或可持续发展贡献值的年度排行榜，以上市公司社会价值评估模型为工具，以沪深300成份股为对象，以公开披露和交叉验证数据为基础，在社投盟牵头下，由中外专业志愿者、数据及技术服务方和项目组跨界协同完成。

为什么选择沪深300成份股作为首批评估对象呢？"义利99"又具备怎样的群体特征呢？

（一）样本选择

作为支撑模型构建的样本群，应具备数据可获取、结果可计量、模型可验证及优化的特质。

1. 数据可获取

对社会价值量化评估来讲，数据基础薄弱是世界性挑战，尤其是非财务信息不充分或缺失。项目组数据库监测显示，2017年末A股上市公司数为3467家，其中发布非财务信息报告（含企业社会责任、社会价值、可持续发展、ESG报告等）841家，占比24%。如果对全A股进行社会价值量化评估，数据完备度超过合格线（80%）的公司仅为14%；沪深300发布非财务信息专项报告的公司243家，占比81%。沪深300整体数据完备度为80%。

2. 结果可计量

按照2018年6月更新的沪深300成份股名单，上交所186家、深交所114家；主板234家、中小板50家、创业板16家；按照中证行业分类标准，能源13家、原材料37家、工业60家、可选消费38家、主要消费13家、医药卫生22家、金融56家、地产15家、信息技术29家、电信业务6家、公用事业11家，实现全行业覆盖；从总市值看，沪深300占全部A股的比例高达55.71%。

根据"评估模型"，如营业利润率、纳税总额等财务类指标需要通过同业对比、同类对比完成评分。沪深300具有全行业、全品类覆盖的特点，对量化评分起到了良好的支撑作用。

3. 模型可验证及优化

沪深300作为A股市场的龙头指数，具有成熟度高、稳定性强的特点。市场回测和技术分析有可靠的方法论和数据保障，为有效验证和优化评估模型打下坚实的基础。

除去支撑模型构建的样本资质外，选取沪深300更重要的是其头部效应。在19世纪末,意大利经济学家维弗雷多·帕累托提出了80/20定律。在任何产品从0到1的破冰阶段,宜用"有限资源"突破"关键少数",沪深300成份股正是这关键少数。

如图9所示,按产值法计算,2017年中国GDP为82.71万亿元。按营业收入总额计算,同年A股全部上市公司为38.97万亿元,占GDP的47.12%[①];沪深300成份股为25.01万亿元,占GDP的30.24%;"义利99"为17.74万亿元,占GDP的21.45%。99家上市公司的总营收占全国GDP的1/5。为进行更精准的比较分析,我们按收入法计算增加值,同年A股全部上市公司为10.00万亿元,占GDP的12.08%;沪深300成份股为7.36万亿元,占GDP的8.90%;"义利99"为5.51万亿元,占GDP的6.66%。

可以看出,沪深300在国民经济的头部效应十分鲜明。以此为出发点,我们分四步完成了对社会价值评估的论证。

(1) 步骤1:依据已知的数据和方法,找出贡献于国民经济的头部机构(沪深300)。

(2) 步骤2:按照"评估模型",计量头部机构所创造的经济—社会—环境综合贡献。

(3) 步骤3:根据社会价值量化评估结果,优选出居前群体("义利99")。

(4) 步骤4:结合"义利99"特点、市场回测结果和宏观政策环境,分析社会价值创造和可持续发展的路径。

(二)群体特征

2017年12月15日,社投盟首发了"义利99"排行榜;2018年9月17日,社投盟再次发布了2018年度排行榜。为完成市场回测、

[①] 报告中部分数据可能与直接四则运算后得出的数字略有差异,误差均源自四舍五入。

探究"义利99"：社会价值与评估工具

图 9 "义利99"上市公司与中国国民经济

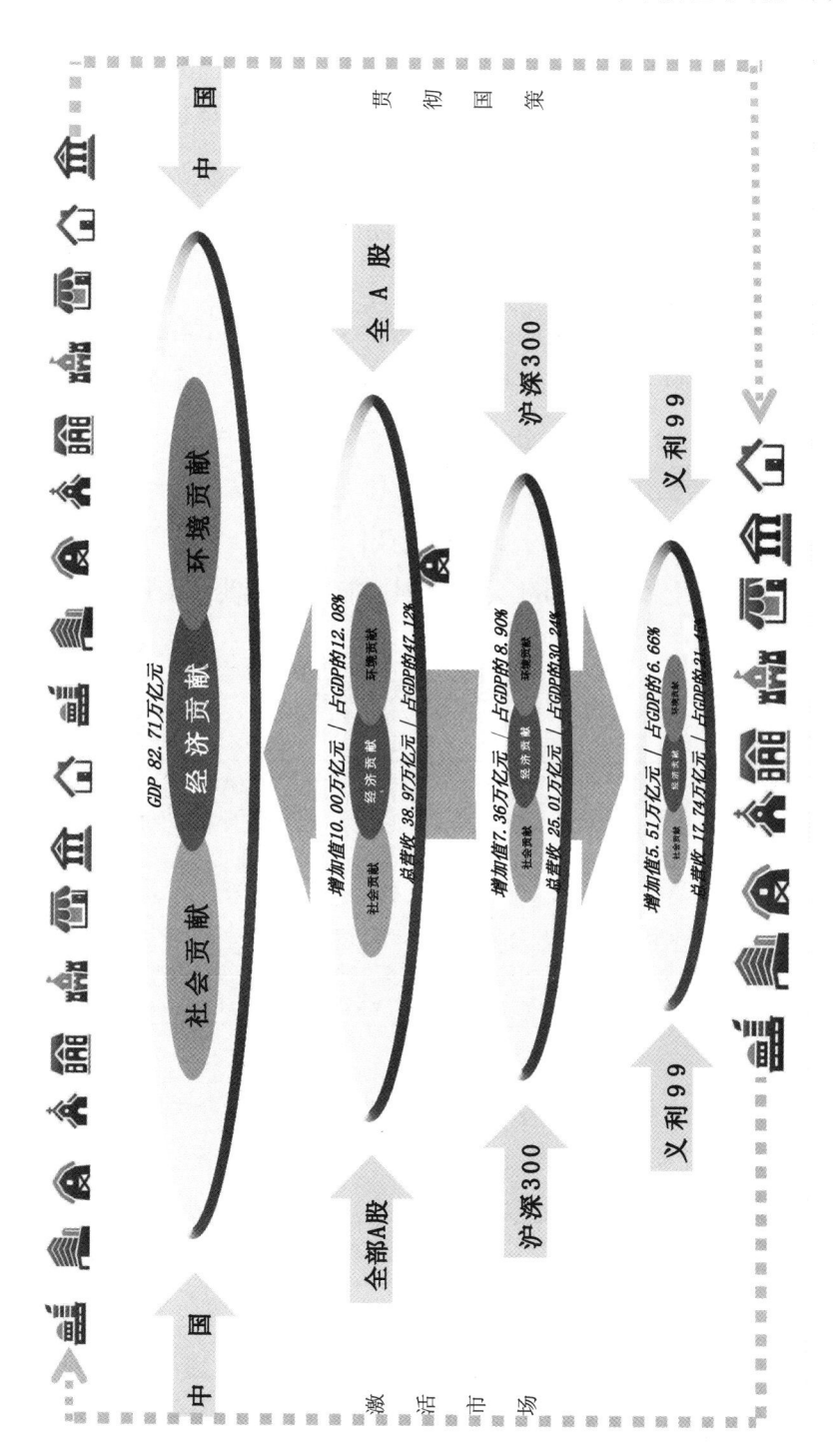

验证模型效力，项目组在2018年上半年度完成了2014年、2015年和2018年排行榜的生产工作，形成了2014~2018年连续五年的"义利99"排行榜。本篇先对"义利99"群体特征进行概述，中篇将从画像、对标、行业和指数四个维度展开详尽解读。

1. 社会价值总量与结构

2018年"义利99"和沪深300的社会价值总分均大幅超过了2017年，沪深300的增幅超过了"义利99"。如表2所示，"义利99"总得分6544分，比上年高出556.31分；平均分66.10分，比上年高出5.62分，增幅达9.29%。沪深300总得分16699.89分，比上年高出1781.72分；平均分55.67分，比上年高出5.94分，增幅达11.94%。这表明中国头部上市公司的社会价值创造能力整体性在增强。

表2 社会价值表现对比

单位：分

项目	社会价值总分合计	社会价值平均分数	目标丨驱动力评分合计	目标丨驱动力平均分数	方式丨创新力评分合计	方式丨创新力平均分数	效益丨转化力评分合计	效益丨转化力平均分数
义利99	6544.00	66.10	659.17	6.66	1943.73	19.63	3941.10	39.81
沪深300	16699.89	55.67	1761.50	5.87	4939.42	16.46	9998.97	33.33
义利99/沪深300	39.19	1.19	37.42	1.13	39.35	1.19	39.42	1.19

从结构来看，目标丨驱动力，"义利99"得分为659.17分，比上年高出183.47分，增幅达38.57%；沪深300得分为1761.50分，比上年高出614.61分，增幅达53.59%。方式丨创新力，"义利99"得分为1943.73分，比上年高出168.63分，增幅达9.50%；沪深300得分为4939.42分，比上年高出572.26分，增幅达13.10%。效益丨转化力，"义利99"得分为3941.10分，比上年高出204.21分，增幅达5.46%；沪深300得分为9998.97分，比上年高出594.84分，

增幅达6.33%。可以看出，2018年"义利99"在驱动力、创新力和转化力三方面均有显著进步。从变化程度来看，企业的价值体系即"使命愿景、长期战略、业务定位"的改善程度最大。

2. 合一度与变动率

为透视评估对象能否打通上三路（使命｜愿景｜价值观）、中三路（技术｜产品｜服务）和下三路（组织｜人才｜绩效），贯彻落实"义利并举"，我们计算了目标｜驱动力、方式｜创新力、效益｜转化力三个分值的变异系数，揭示了企业的协调性与合力效应。

如表3所示，2018年"义利99"合一度系数为87.53%，比上年增加了8.53个百分点；沪深300合一度系数83.19%，比上年增加了8.33个百分点。其中，长安汽车（000625.SZ）和华友钴业（603799.SH）合一度系数最高，均达99%；海螺水泥（600585.SH）和海通证券（600837.SH）最低，均为71%。"义利99"上榜公司的合一度均在合理值区间，整体比沪深300高出4.34个百分点；前10名平均合一度系数达93.30%，比沪深300高出10.11个百分点。这表明，企业在"目标—方式—效益"三A方面越合一，越能在驱动力、创新力和转化力三力上形成合力，其社会价值创造能力越强，经济—社会—环境的综合贡献相应越大。

表3 合一度系数对比

单位：%，个百分点

项目	2018年	2017年	2016年
义利99	87.53	79.00	78.83
沪深300	83.19	74.86	74.69
义利99－沪深300	4.34	4.14	4.14

2014~2018年"义利99"排行榜显示，共有41家上市公司连续五年上榜。从所有制来看，国企31家、民企6家、其他4家。中国

建筑连续高居榜首，成为义利并举五连冠。难能可贵的是，在激烈的市场竞争和跌宕的经营环境中，复星医药、中国平安、平安银行、苏宁易购、特变电工、美的集团六家民企连续五年登上了"义利99"排行榜；从企业领导人来看，在连续五年上榜的41家企业中，京东方王东升、中国交建刘起涛、潍柴动力谭旭光、葛洲坝聂凯、复星医药陈启宇等20位董事长期间连任。通常来讲，企业的可持续发展需要有格局、有远见、有战略定力且能稳定留任的"一把手"。

2018年"义利99"排行榜显示，31家公司排名上升、36家公司排名下降、30家公司新增上榜。中国建筑（601668.SH）社会价值得分80.61分，比上年提升了4.06分，连续五年雄居榜首。2018年上榜公司中，国企64家，占比64.65%，比上年增加5家；民企25家，占比25.25%，与上年持平。国企占据排行榜的2/3，这与沪深300结构有关，同期沪深300中国企占比高达53.66%。

3. 义利表现

为揭示"义利99"上榜公司的义利偏好，我们根据经济、社会、环境的评估状况，将"义利99"划分为义利双优、义较突出、利较突出、义利兼具四个群体。2018年"义利99"分析结果显示，义利双优的上榜公司23家，包括中国建筑、农业银行、龙蟒佰利等，比上年增加了16家，与沪深300和全A股相比，呈现出市值高、市盈率低的特点；利较突出的上榜公司28家，包括招商蛇口、青岛海尔、上港集团等，比上年减少20家；义较突出的上榜公司27家，包括京东方、中国交建、中国联通等，比上年增加15家；义利兼具的上榜公司21家，包括中石油、中国电建、碧水源等，比上年减少11家。整体上看，上榜公司从"义利兼具"向"义利双优"方向迁移，其中提高幅度较大的是社会和环境贡献。

自21世纪初提出责任投资和影响力投资以来，在全球范围内，业界、学界和政府一直在探讨"收益—风险—效益"三者关系。我们从经济贡献、风险管理及社会和环境贡献三个维度透视 2018 年"义利 99"群体。

（1）利维表现

从经济贡献来看，2018 年"义利 99"平均营收 1791.93 亿元，是沪深 300 的 2.13 倍、全部 A 股的 15.94 倍；同比增长 4.52%，同期沪深 300 增长 17.48%、全部 A 股增长 12.23%。平均净利润 210.50 亿元，是沪深 300 的 2.22 倍、全部 A 股的 20.36 倍；同比增长 4.62%，同期沪深 300 增长 18.19%、全部 A 股增长 20.79%。平均市值 2157.89 亿元，是沪深 300 的 1.84 倍、全部 A 股的 12.17 倍；同比增长 2.42%，同期沪深 300 增长 9.05%、全部 A 股减少 4.44%。平均市盈率 13.47 倍，是沪深 300 的 0.78 倍、全部 A 股的 0.54 倍；同比增长 25.07%，同期沪深 300 增长 22.97%、全部 A 股降低 1.54%。平均股息率 2.66%，是沪深 300 的 1.23 倍、全部 A 股的 1.60 倍；同比减少 0.2 个百分点，同期沪深 300 减少 0.26 个百分点、全部 A 股增长 0.01 个百分点。

表 4　利维对比

项目	平均营业收入 绝对值（亿元）	同比增长（%）	平均市值 绝对值（亿元）	同比增长（%）	平均净利润 绝对值（亿元）	同比增长（%）	平均市盈率 绝对值（倍）	同比增长（%）	平均股息率 绝对值（%）	同比增长（个百分点）
义利 99	1791.93	4.52	2157.89	2.42	210.50	4.62	13.47	25.07	2.66	-0.20
沪深 300	840.88	17.48	1170.92	9.05	94.74	18.19	17.29	22.97	2.16	-0.26
全部 A 股	112.41	12.23	177.38	-4.44	10.34	20.79	24.94	-1.54	1.67	0.01
义利 99/沪深 300	2.13		1.84		2.22		0.78		1.23	
义利 99/全部 A 股	15.94		12.17		20.36		0.54		1.60	

从营收、净利润等指标平均数来看,"义利99"是沪深300的2倍多,超出全A股15~20倍,是绝对的创利创收大户;从增速来看,"义利99"整体低于沪深300。从平均市盈率来看,"义利99" 13.47倍,是沪深300的0.78倍;但从增速看,"义利99"同比增加25.07%,沪深300为22.97%。可以看出,"义利99"是经济贡献的支柱力量,并且以分红的方式与投资人共享收益。尽管大盘蓝筹估值都增加幅度较大,但优中选优的"义利99"估值增速高于沪深300。

(2)义维表现

我们从社会贡献和环境贡献来分析2018年"义利99"的义维表现。"社会贡献"包括客户价值、员工权益、安全运营、合作伙伴和公益贡献,"环境贡献"包括环境管理、绿色发展和污染防控。

在社会贡献方面,按照2018年"义利99"得分率表现,依次是安全运营(85.19%)、公益贡献(73.57%)、员工权益(73.00%)、客户价值(71.97%)及合作伙伴(68.35%),平均得分率为74.41%。评估数据显示"义利99"最重视安全运营,普遍建立了严密的安全生产管理机制,能够有效防范重大恶性安全事故;在公益贡献、员工权益和客户价值方面贡献较为均衡;但对于以"供应链管理和公平运营"为核心的"合作伙伴"方面,还未达到优良水平。

按照2018年"义利99"改善状况,提升次序为公益贡献(21.83个百分点)、合作伙伴(15.38个百分点)、客户价值(2.97个百分点)、安全运营(2.25个百分点)和员工权益(0.44个百分点)。评估数据显示,"义利99"在五个方面改进程度参差不齐。其中对公益贡献的提升程度最大,对员工权益的改善程度最低。在一定程度上说明,这些头部公司积极响应政策指引,但目前还未能深度融入核心价值创造当中。

表5 义维对比

项目	客户价值	员工权益	安全运营	合作伙伴	公益贡献	环境管理	绿色发展	污染防控
义利99(%)	71.97	73.00	85.19	68.35	73.57	58.55	50.08	64.35
沪深300(%)	57.25	53.36	77.11	46.74	59.56	47.00	29.56	40.32
义利99-沪深300个百分点	14.72	19.64	8.08	21.61	14.01	11.55	20.52	24.03
义利99(同比,个百分点)	2.97	0.44	2.25	15.38	21.83	18.48	-0.80	3.32
沪深300(同比,个百分点)	2.77	-2.64	7.41	14.04	18.39	12.40	-5.73	4.90

在环境贡献方面，按照2018年"义利99"得分率表现，依次是污染防控（64.35%）、环境管理（58.55%）及绿色发展（50.08%），平均得分率为58.29%。对比义维的两个部分，"义利99"在社会福祉方面的得分率高出环境保护方面16.12个百分点，两方面的成熟度有较大差异。

按照2018年"义利99"改善状况，环境贡献的提升次序为环境管理（18.48个百分点）、污染防控（3.32个百分点）和绿色发展（-0.80个百分点）。评估数据显示，环境管理主要包括制度性因素（管理体系和采购政策）、财务性因素（环保投入等）、合规性因素（环保处罚等），在"三大攻坚战"的任务指引下，这些头部企业在该领域"补短板的力度"很大。污染防控主要包括"三废"管理以及《巴黎协定》有关温室气体排放和应对气候变化等指标，是这些头部企业在环保中迄今最为重视的领域。然而我们看到，"绿色发展"部分不仅得分最低，而且出现负增长。这说明企业在综合能耗管理、水耗物耗管理、绿色办公等方面还未有充分认知。尤其在如何结合主营业务创造绿色机遇等方面，还有相当大的差距。

上市公司做出环境贡献，是一个由易到难的发展过程。从操作角度看，污染防控最为直接；进入环境管理阶段，需要企业加强制度建设并纳入财务预算，相对较难；而实现绿色发展，需要从战略上进行调整，甚至涉及产品服务体系重构，对于成熟企业来讲，难上加难。尽管难度很大，2018年"义利99"和沪深300都在不同程度上实现了正向改进。

分析显示，无论在经济效益方面，还是在社会福利和环境保护方面，"义利99"都全面好于沪深300，大幅度领先于全部A股。

（3）风险防控

我们将"评分子模型"中与风险相关的指标提炼出来透视"义利99"的风险防控能力。

表6　风险防控表现对比

单位：家，%

项目	风控机制（%）	偿债能力（%）	企业全部比例（%）	企业股权质押家数（家）	国有企业全部比例（%）	国有企业股权质押家数（家）	民营企业全部比例（%）	民营企业股权质押家数（家）
义利99	82.07	66.02	6.37	95	1.28	62	17.44	23
沪深300	72.94	62.47	10.49	291	2.90	155	20.49	112
义利99-沪深300（个百分点）	9.13	3.55	-4.12		-1.62		-3.05	
义利99（同比，个百分点）	-0.42	-1.74	1.41		-0.52		5.84	
沪深300（同比，个百分点）	5.75	0.10	1.21		-0.20		2.14	

在风控机制项下，我们重点评估了上市公司的内控表现和应急管理。2018年"义利99"得分率为82.07%，比沪深300高9.13个百分点，比上年略有降低。在偿债能力项下，我们重点评估了上市公司流动性、杠杆率和净资产。2018年"义利99"偿债能力得分率为66.02%，比沪深300高出3.55个百分点，比上年略有下降。

面对2018年股权质押风险急剧提升的市场环境，根据中国证券登记结算有限公司的数据，对比分析了"义利99"与沪深300、全部A股的股权质押状况。2018年"义利99"上榜公司中，除中信银行（601998.SH）、中国石油（601857.SH）、美凯龙（601828.SH）、盈趣科技（002925.SZ）外，其余95家上榜公司均做了股权质押。从股权质押的覆盖率看，"义利99"为96%、沪深300为97%、全部A股为98%。A股市场几乎"无股不押"。

从股权质押比例来看，"义利99"整体为6.37%，比沪深300低4.12个百分点，比上年增加了1.41个百分点；"义利99"中，国企股权质押比例为1.28%，比沪深300低1.62个百分点，比上年低0.52个百分点；"义利99"中，民企股权质押比例为17.44%，比沪深300低3.05个百分点，比上年高5.84个百分点。可以看出，尽管"义利99"也借助股权质押进行融资，但质押比例低于沪深300，远低于全A股，没有出现上榜公司触发警戒线或平仓线的风险事件。

对于收益—风险—效益综合分析结果显示，"义利99"在财务收益、风险管理和外部效应方面优于沪深300，大幅度领先A股。在财务收益、风险管理和外部效应之间，三者有着可计算的强正向相关关系。然而，三者是否具备互为因果的归因属性，还需要更长时间的数据积累和追踪研究。

四　小结

2018年，中国迎来了改革开放40周年。在这沧海桑田的40年里，中国国内生产总值按不变价计算增长了33.5倍，平均每8年翻一番。2006年"赶英"，2010年"超日"，中国跃升为全球第二大经济体；中国人均国民收入（GNI）由200美元提高到8805美元，增长43.0倍。贫困人口由7.7亿锐减至3046万。无论怎样争论，谁都不可否认，在这日新月异的40年里，市场经济解放了生产力，经济增长带动了中国的全面进步。

然而，在欢呼"增长的40年"时，我们不应忘记，作为承载着5000年文明的国度，中国未来还有很多个40年需要延续。不同于单向增长的经济，我们赖以生存的星球是一个资源有限的、物理封闭的生态体系。为了子孙万代的福祉，我们迟早要告别"数量性扩张"，进入"质量性改进"的发展轨道。

发现中国"义利99"，就是找寻一个超越增长的群体、一股持续发展的动力！

中篇 回归价值

科学和艺术总在山麓分手、在山顶重逢。
———居斯塔夫·福楼拜（法）

R.2
发现"义利99"：
榜单总览与群体画像

"义利99"全称是"A股上市公司社会价值义利99排行榜"，是指以上市公司社会价值评估模型为工具，以沪深300成份股为对象，以经济、社会和环境综合贡献为内容，社会价值量化得分居前99的上市公司群体。本篇我们将发布2018年"义利99"排行榜并勾勒群体画像。

一 榜单总览

以2018年6月沪深300更新成份股为基准，根据上市公司社会价值评估模型产生2018年"义利99"排行榜。"筛选子模型"评估结果显示，永泰能源、万达电影等25家上市公司由于违法违规、重大负面事件等原因被剔除（详见附录五），其余275家上市公司进入量化评分环节。

"评分子模型"评估结果显示，2018年排行榜十强为：中国建筑（601668.SH）、农业银行（601288.SH）、龙蟒佰利（002601.SZ）、京东方A（000725.SZ）、中国交建（601800.SH）、潍柴动力（000338.SZ）、中国联通（600050.SH）、中国神华（601088.SH）、上海石化（600688.SH）、万科A（000002.SZ）。中国建筑（601668.SH）成功卫冕，中国建筑（601668.SH）、农业银行（601288.SH）、京东方A（000725.SZ）、中国神华（601088.SH）和上海石化（600688.SH）连续两年进入十强（见表1）。

表1　2018年度A股上市公司社会价值"义利99"排行榜

单位：个位次

排名	证券代码	证券简称	行业	对比2017年
1	601668.SH	中国建筑	工业	→0
2	601288.SH	农业银行	金融	↑7
3	002601.SZ	龙蟒佰利	原材料	新上榜
4	000725.SZ	京东方A	信息技术	↑3
5	601800.SH	中国交建	工业	↑30
6	000338.SZ	潍柴动力	工业	↑22
7	600050.SH	中国联通	电信业务	↑10
8	601088.SH	中国神华	能源	↓-3
9	600688.SH	上海石化	能源	↓-3
10	000002.SZ	万科A	地产	↑38
11	600068.SH	葛洲坝	工业	→0
12	600196.SH	复星医药	医药卫生	↑50
13	600900.SH	长江电力	公用事业	↓-11
14	600104.SH	上汽集团	可选消费	↑15
15	001979.SZ	招商蛇口	地产	↑43
16	601186.SH	中国铁建	工业	↓-6
17	600028.SH	中国石化	能源	↓-2
18	600690.SH	青岛海尔	可选消费	↓-10
19	601766.SH	中国中车	工业	↑38
20	600018.SH	上港集团	工业	↑20
21	601238.SH	广汽集团	可选消费	新上榜
22	601899.SH	紫金矿业	原材料	↑22
23	601618.SH	中国中冶	工业	↓-7
24	600887.SH	伊利股份	主要消费	↑8
25	000100.SZ	TCL集团	可选消费	↑12
26	601988.SH	中国银行	金融	↓-2
27	601939.SH	建设银行	金融	↑6
28	600188.SH	兖州煤业	能源	↑25
29	600019.SH	宝钢股份	原材料	↑23

续表

排名	证券代码	证券简称	行业	对比2017年
30	600498.SH	烽火通信	电信业务	↓-26
31	600008.SH	首创股份	公用事业	新上榜
32	601607.SH	上海医药	医药卫生	↑2
33	601111.SH	中国国航	工业	↑3
34	601688.SH	华泰证券	金融	新上榜
35	601998.SH	中信银行	金融	↑24
36	601318.SH	中国平安	金融	↑41
37	002202.SZ	金风科技	工业	↓-12
38	600016.SH	民生银行	金融	↑33
39	601857.SH	中国石油	能源	↓-21
40	600115.SH	东方航空	工业	↑10
41	601398.SH	工商银行	金融	↓-20
42	000776.SZ	广发证券	金融	↑56
43	601328.SH	交通银行	金融	↓-5
44	600015.SH	华夏银行	金融	↓-32
45	601877.SH	正泰电器	工业	↓-42
46	002142.SZ	宁波银行	金融	新上榜
47	000625.SZ	长安汽车	可选消费	↓-27
48	601669.SH	中国电建	工业	↓-34
49	600332.SH	白云山	医药卫生	新上榜
50	000001.SZ	平安银行	金融	↓-5
51	600029.SH	南方航空	工业	↑33
52	300070.SZ	碧水源	工业	新上榜
53	002594.SZ	比亚迪	可选消费	↓-27
54	002352.SZ	顺丰控股	工业	新上榜
55	002024.SZ	苏宁易购	可选消费	↓-25
56	000538.SZ	云南白药	医药卫生	↑19
57	000963.SZ	华东医药	医药卫生	新上榜
58	601012.SH	隆基股份	工业	新上榜
59	600089.SH	特变电工	工业	↑20

续表

排名	证券代码	证券简称	行业	对比2017年
60	600011.SH	华能国际	公用事业	新上榜
61	601828.SH	美凯龙	工业	新上榜
62	600585.SH	海螺水泥	原材料	新上榜
63	600518.SH	康美药业	医药卫生	↓-24
64	002415.SZ	海康威视	信息技术	↓-9
65	601727.SH	上海电气	工业	↓14
66	601211.SH	国泰君安	金融	↑21
67	601991.SH	大唐发电	公用事业	新上榜
68	000333.SZ	美的集团	可选消费	↓-19
69	601898.SH	中煤能源	能源	新上榜
70	600741.SH	华域汽车	可选消费	↓-10
71	000858.SZ	五粮液	主要消费	新上榜
72	600837.SH	海通证券	金融	新上榜
73	600031.SH	三一重工	工业	新上榜
74	600867.SH	通化东宝	医药卫生	新上榜
75	603799.SH	华友钴业	原材料	新上榜
76	601225.SH	陕西煤业	能源	↓-12
77	600276.SH	恒瑞医药	医药卫生	新上榜
78	601169.SH	北京银行	金融	↓-13
79	000423.SZ	东阿阿胶	医药卫生	↑16
80	300124.SZ	汇川技术	工业	↓-6
81	002236.SZ	大华股份	信息技术	↑4
82	601808.SH	中海油服	能源	新上榜
83	002241.SZ	歌尔股份	信息技术	↑6
84	600406.SH	国电南瑞	工业	↓-57
85	000895.SZ	双汇发展	主要消费	↓-29
86	601985.SH	中国核电	公用事业	↓-40
87	601788.SH	光大证券	金融	新上榜
88	601818.SH	光大银行	金融	新上榜
89	601229.SH	上海银行	金融	↓-17

续表

排名	证券代码	证券简称	行业	对比2017年
90	002008.SZ	大族激光	信息技术	新上榜
91	600271.SH	航天信息	信息技术	新上榜
92	601933.SH	永辉超市	主要消费	↓ -10
93	300072.SZ	三聚环保	原材料	新上榜
94	600340.SH	华夏幸福	地产	新上榜
95	600176.SH	中国巨石	原材料	新上榜
96	601117.SH	中国化学	工业	↓ -55
97	601601.SH	中国太保	金融	↓ -11
98	002925.SZ	盈趣科技	可选消费	新上榜
99	600438.SH	通威股份	主要消费	新上榜

注：①行业分类采用中证指数有限公司行业一级分类，将金融地产拆分为金融和地产两个行业；②详细得分请参阅附录六。

二 前三强概述

中国建筑（601668.SH）、农业银行（601288.SH）和龙蟒佰利（002601.SZ）位列2018年"义利99"排行榜前三强。

（一）中国建筑

中国建筑（601668.SH）在2018年"义利99"中卫冕，详见下文案例部分。中国建筑于2007年12月成立股份有限公司，2009年7月在上交所上市，属建筑与工程行业。中国建筑以"拓展幸福空间"为使命，以"品质保障，价值创造"为核心价值观，持续提升全产业链和全生命周期的服务供给能力。2017年，中国建筑4项成果获国家科学技术奖，获省部级科技奖励288项，获中国建筑工程鲁班奖31项，获国家优质工程奖60项，居行业首位。2017年营业收入为

10541.07亿元，净利润为329.4亿元。截至2018年10月31日，总市值为2258.80亿元，市盈率为6.85倍。

在2018年"义利99"排行榜中位列榜首，总分80.61分，其中目标丨驱动力7.83分、方式丨创新力25.90分、效益丨转化力46.88分，合一度系数94%。

（二）农业银行

农业银行（601288.SH）从2017年的第9名上升到2018年的第2名。农业银行于2009年1月完成股份制改造，2010年7月在上交所上市，属商业银行行业。农业银行以"面向'三农'，服务城乡，回报股东，成就员工"为使命，以"诚信立业，稳健行远"为核心价值观。2017年，农业银行8项成果获得中国人民银行"科技发展奖"，4项成果获得银监会"信息科技风险管理课题研究成果奖"。2017年营业收入为5370.41亿元，净利润为1931.33亿元。截至2018年10月31日，总市值为13293.43亿元，市盈率为7.02倍。

在2018年"义利99"排行榜中位列亚军，总分79.58分，其中目标丨驱动力7.83分、方式丨创新力22.14分、效益丨转化力49.61分，合一度系数94%。

（三）龙蟒佰利

龙蟒佰利（002601.SZ）首次进入社会价值量化评分环节，在2018年"义利99"中排名第三。龙蟒佰利于2001年12月成立，2011年7月在深交所上市，属化学制品行业。龙蟒佰利以"强中国钛产业，做受尊敬企业"为使命，以"责任创造美好，诚信铸就未来"为宗旨。2017年，龙蟒佰利成功突破硫酸法钛白技术难关，首家独创的硫氯耦合绿色生产技术，实现了硫酸法和氯化法两种工艺绿色发展的协同效应。2017年营业收入为102.58亿元，净利润为25.02亿元。截至2018年10月31日，总市值为261.52亿元，市盈率为10.45倍。

在2018年"义利99"排行榜中位列季军，总分78.97分，其中目标｜驱动力7.33分、方式｜创新力25.05分、效益｜转化力46.59分，合一度系数93%。

三 群体画像

《证券时报》在2017年12月20日刊发的《"A股上市公司社会价值义利99"榜单发布 它与沪深300相比谁更漂亮?》文章中指出，"如果说重资产、高利润、大市值的上市公司，是中国'富起来'的支柱，那么经济、社会和环境贡献均居前列的'义利99'，是中国'强起来'的栋梁"。我们从分布状况和合力表现这两个方面进行解析。

（一）分布状况

在"评分子模型"中（满分100分），三个一级指标即目标｜驱动力（满分10分）、方式｜创新力（满分30分）和效益｜转化力（满分60分），其中，效益｜转化力考察评估对象所创造的经济、社会、环境综合贡献。

为分析"义利99"的义利属性，以效益｜转化力下的社会贡献（满分15分）与环境贡献（满分15分）得分之和（30分）为横轴，经济贡献得分（满分30分）为纵轴，生成了义利特征坐标图。图中按10分以内、10~20分、20~30分划分为9个区域，球体位置代表相应上榜公司的义利坐标，球体大小代表其市值规模（见图1），或市盈率倍数（PE）（见图2）。

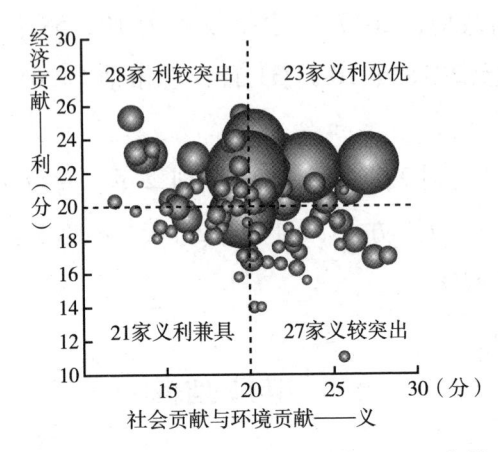

图1 "义利99"的义利特征——市值

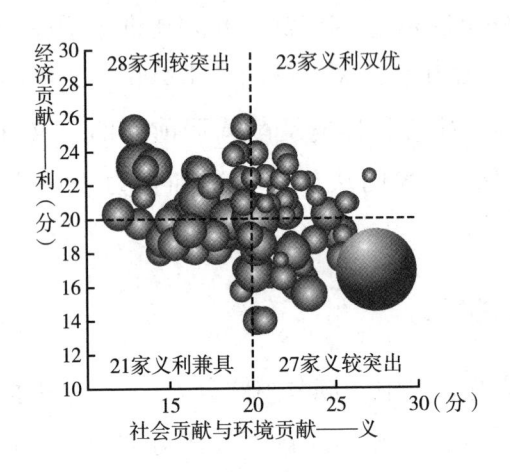

图2 "义利99"的义利特征——市盈率（PE）

2018年"义利99"上榜公司仍保持高经济贡献（10分以上）和高社会贡献与环境贡献（10分以上），均位于9个区域的右上4个区域（其他5个区域图中未显示）。

义利双优的上榜公司有中国建筑（601668.SH）、农业银行（601288.SH）、龙蟒佰利（002601.SZ）等23家，比2017年多16家。其平均市值为3867.67亿元，平均市盈率为10.56倍。

利较突出的上榜公司有招商蛇口（001979.SZ）、青岛海尔（600690.SH）、上港集团（600018.SH）等28家，比2017年少20家。其平均市值为2525.63亿元，平均市盈率为10.44倍。

义较突出的上榜公司有京东方A（000725.SZ）、中国交建（601800.SH）、中国联通（600050.SH）等27家，比2017年多15家。其平均市值为975.52亿元，平均市盈率为17.62倍。

义利兼具的上榜公司有中国石油（601857.SH）、中国电建（601669.SH）、碧水源（300070.SZ）等21家，比2017年少11家。其平均市值为1472.88亿元，平均市盈率为25.44倍。

（二）合力表现

"评分子模型"包括3个一级指标（目标｜驱动力、方式｜创新力和效益｜转化力）、9个二级指标、27个三级指标和55个四级指标。下面以3个一级指标为维度展开分析。

1. 目标｜驱动力

目标｜驱动力下设3个二级指标，分别是价值驱动、战略驱动和业务驱动。2018年"义利99"上榜公司3个指标的得分率分别为69.11%、57.07%、72.73%。对比2017年，战略驱动和业务驱动均有巨大的提升，提升幅度均超过20个百分点。

战略驱动从30.88%（2017年）升至57.07%（2018年），提升了26.19个百分点。分析结果显示，战略驱动得分率的提升有以下原因：第一，2018年"义利99"上榜公司的战略目标更加契合联合国可持续发展目标和适应"创新、协调、绿色、开放、共享"的五大发展理念；第二，战略规划更加符合"追求商业利益的同时，提升社会福祉、加强环境保护"的社会价值核心主张；第三，受益于证监会和两大交易所在监管政策上的激励与约束，2018年非财务信息披露在规模和质量上均有较大提升。

业务驱动从50.73%（2017年）升至72.73%（2018年），提高了22个百分点。我们发现：2018年上榜公司的主营业务定位更加契合社会价值核心主张，服务受众也更加侧重六大板块（绿色农业、智能制造、普惠金融、健康养老、公平教育、环保能源）和两大主题（可持续发展、扶贫助弱）。

总体来看，2018年"义利99"的目标Ⅰ驱动力平均得分率为66.60%，比2017年（47.57%）整体高了19.03个百分点。

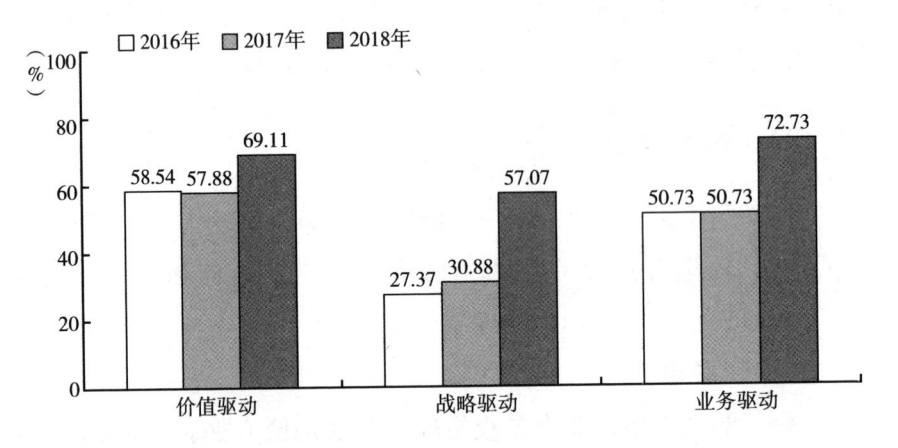

图3 2016～2018年"义利99"目标Ⅰ驱动力得分率

2. 方式Ⅰ创新力

方式Ⅰ创新力下设3个二级指标，分别是技术创新、模式创新和管理创新。2018年"义利99"上榜公司3个指标的得分率分别为57.30%、49.62%、79.14%，均比2017年有所提升，其中管理创新得分率再创新高。

如图4所示，上榜公司作为头部的经济力量，包括参与机制、披露机制、激励机制、风控机制在内的管理机制较为完善，相对而言，包括研发能力与产品服务在内的技术创新，包括商业模式和业态影响在内的模式创新尽管处于上升的态势，仍较薄弱。

在管理创新方面，得益于越来越完善的企业内控机制与信息披露机制，2018年的得分率高达79.14%，比2017年提升了6.4个百分点。

在技术创新方面，得益于上榜公司的产品与服务更具社会价值创新因素（绿色的、普惠的、安全的、健康的、便民的），2018年比2017年提升了7.59个百分点。

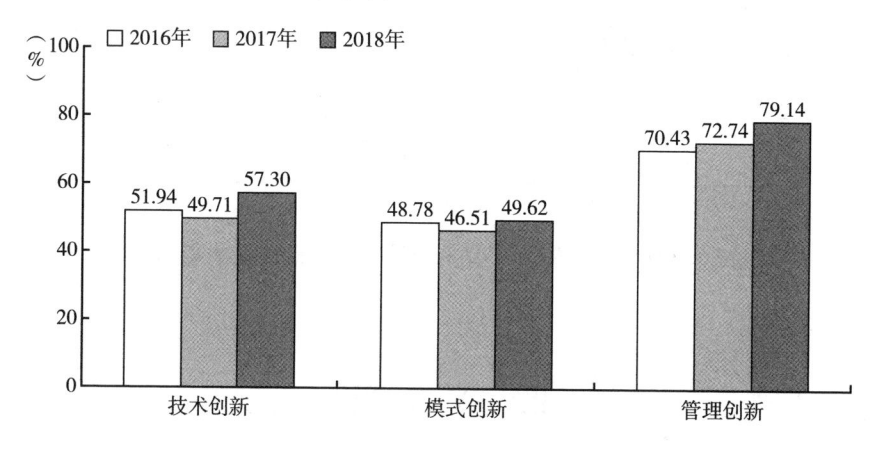

图4　2016~2018年"义利99"方式丨创新力得分率

3. 效益丨转化力

效益丨转化力下设3个二级指标，分别是经济贡献、社会贡献和环境贡献。2018年"义利99"上榜公司3个指标的得分率分别为66.34%、74.41%、58.29%。与2017年相比，社会贡献与环境贡献有明显增长，经济贡献小幅下降。

社会贡献过去三年呈提升趋势，2018年的社会贡献得分率比2017年高8.57个百分点。环境贡献也有较大的增长，比2017年提高了8.06个百分点。虽然环境贡献同比有显著增长，但与经济、社会贡献相比，仍有较大的增长空间。

总体来看，2018年"义利99"的效益丨转化力平均得分率为66.35%，比2017年（62.91%）高3.44个百分点。

社会贡献和环境贡献作为"评估模型"中衡量外部效应的核心指标，我们在下文"义维特征"中再深入分析。

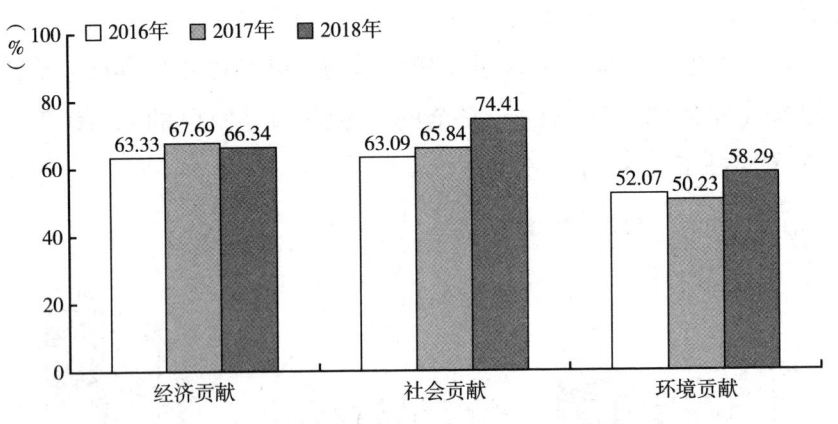

图5 2016~2018年"义利99"效益|转化力得分率

四 义维特征

效益|转化力考察评估对象所创造的经济、社会和环境综合贡献，该部分权重占比60%。其中"经济贡献"评估财务效益，"社会贡献"评估社会福祉，"环境贡献"评估生态保护。为便于在多语境中沟通，我们借助对"经济贡献"分析结果揭示"利维表现"，借助对"社会贡献"和"环境贡献"的分析结果揭示"义维表现"。

（一）社会贡献表现

社会贡献下设5个四级指标：客户价值、员工权益、安全运营、合作伙伴和公益贡献。2018年"义利99"上榜公司在五个指标的表现均比2017年有所提升。

合作伙伴和公益贡献的提升尤为明显，分别比2017年提高了

15.38个和21.83个百分点。数据显示，合作伙伴和公益贡献的提升，一方面是由于公司更加关注供应商的社会责任履行情况，更加崇尚公平运营；另一方面是由于上榜公司加大了公益投入的力度，公益活动更丰富、更具多样性，促进了社区可持续发展的能力建设。

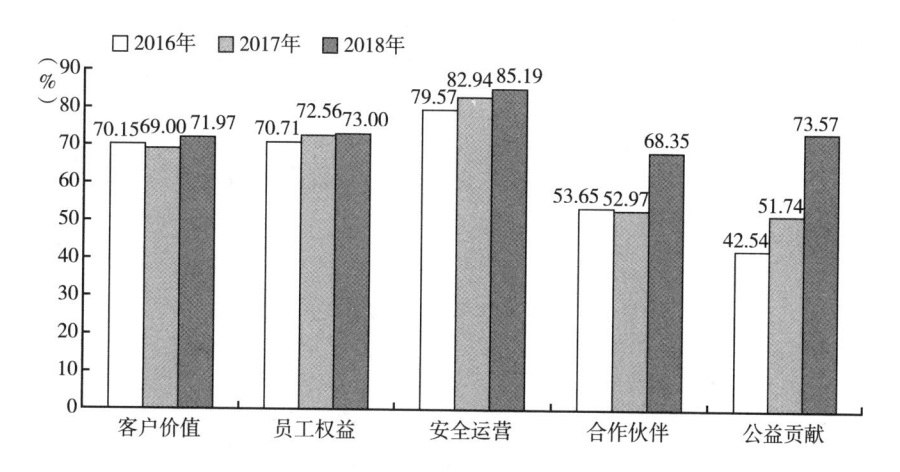

图6 2016~2018年"义利99"社会贡献得分率

（二）环境贡献表现

环境贡献下设3个四级指标：环境管理、绿色发展和污染防控。2018年"义利99"上榜公司的环境管理得分有明显提升。

具体分析来看，"义利99"上榜公司的绿色发展水平近三年基本持平，污染防控缓慢提升。值得关注的是，环境管理指标有巨大的提升，2018年"义利99"上榜公司的得分率是58.55%，比2017年提升了18.48个百分点。获得如此巨大的提升主要是由于上榜公司在两个方面作出的努力，一是环保违规事件的减少，二是环境管理体系的完善与实施效果的提升。

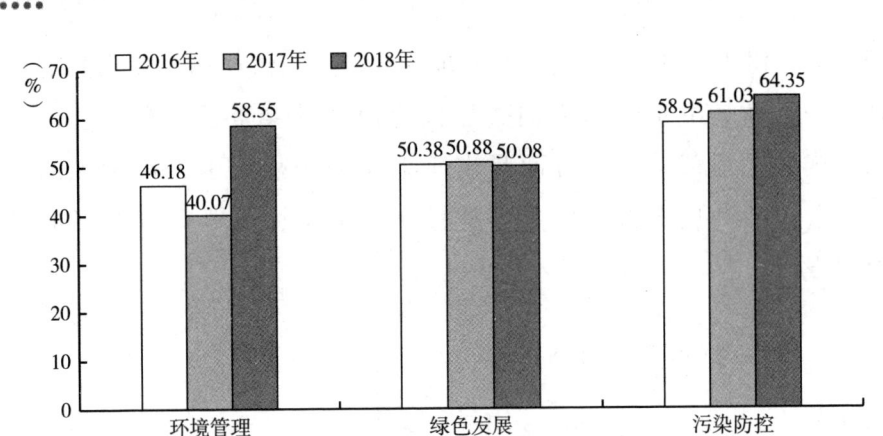

图7 2016~2018年"义利99"环境贡献得分率

五 利维特征

我们从行业分布、资产规模、营收规模、纳税总额、市值规模、所有制结构、板块属性七个方面来描绘利维特征。

(一) 工业金融占主导

如图8所示，从行业分布来看，2018年"义利99"上榜公司中，工业领域有24家，与2017年一致；金融领域有20家，比2017年少了3家。"义利99"上榜公司近3年均实现了11大行业的全覆盖。可以看出，每一个行业的上市公司，都能够创造良好的社会价值。

(二) 资产规模集中在100亿~1万亿元

从资产规模看，2018年"义利99"中体量最小的是盈趣科技（002925.SZ），总资产25.71亿元，2017年最小的是老板电器（002508.SZ），总资产64.15亿元；体量最大的仍旧是工商银行

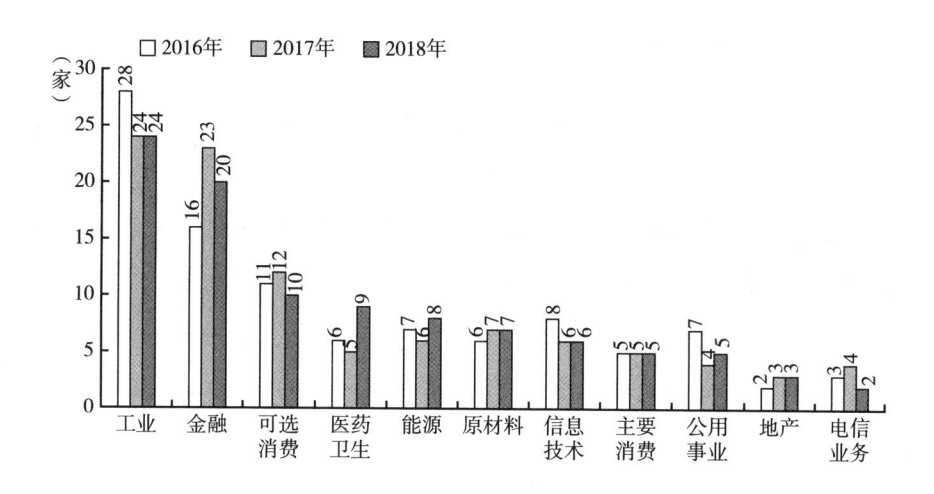

发现"义利99"：榜单总览与群体画像

图8 2016~2018年"义利99"行业分布

(601398.SH)，总资产26.09万亿元。资产规模集中在100亿~1万亿元，共77家，比2017年增加1家。其中100亿~1000亿元的上榜公司共37家；1000亿~1万亿元的上榜公司共40家。可以看出，企业不论资产规模大小，都能够创造良好的社会价值（见图9）。

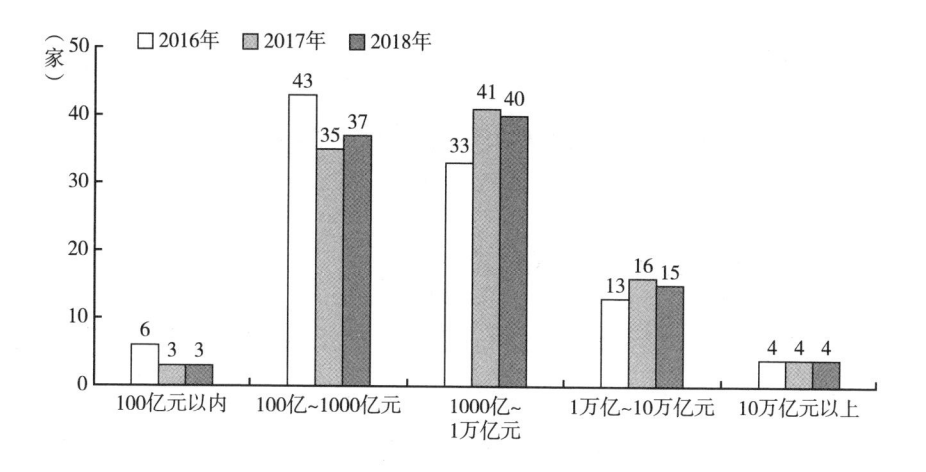

图9 2016~2018年"义利99"资产规模分布

049

（三）营收千亿元以上占比约四成

从营收规模看，2018年"义利99"中营收最少的是通化东宝（600867.SH），为25.45亿元，2017年最少的是汇川技术（300124.SZ），为36.60亿元；营收最多的仍旧是中国石化（600028.SH），为2.36万亿元。从2016年到2018年，营收规模在1000亿元以内的上榜公司分别有65家、56家、62家；1000亿元以上的上榜公司分别有34家、43家、37家（见图10）。可以看出，企业不论营收规模大小，都能够创造良好的社会价值。

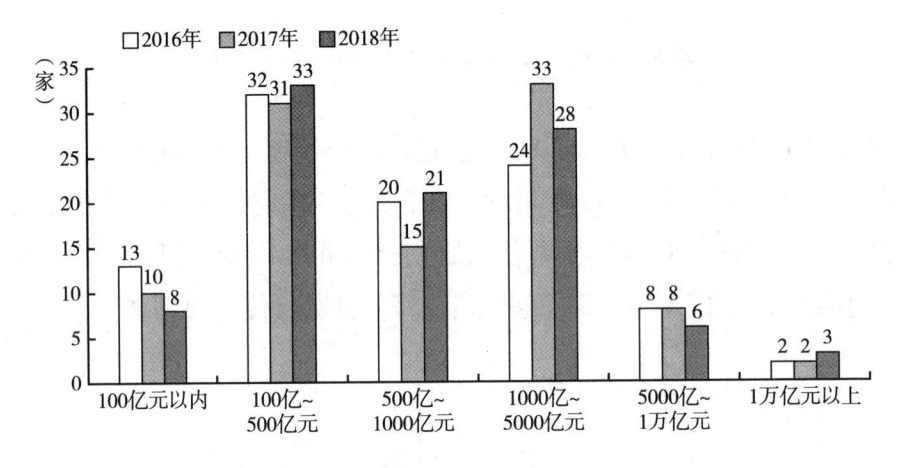

图10　2016~2018年"义利99"营收规模分布

（四）纳税额超十亿元居多

从2016年到2018年，"义利99"上榜公司的纳税额均大于1亿元。其中，纳税总额最小的是盈趣科技（002925.SZ），为2.07亿元，2017年最小的是海格通信（002465.SZ）；最大的仍旧是中国石化（600028.SH），为3283.04亿元。2018年，"义利99"中纳税总额在10亿~100亿元的上榜公司共54家；纳税超1000亿元的上榜公司共3

家。从纳税总额看，2016~2018年"义利99"中分别有79家、82家、85家超10亿元纳税，呈上升趋势（见图11）。可以看出，10亿元纳税大户是成为"义利99"的一个标志。

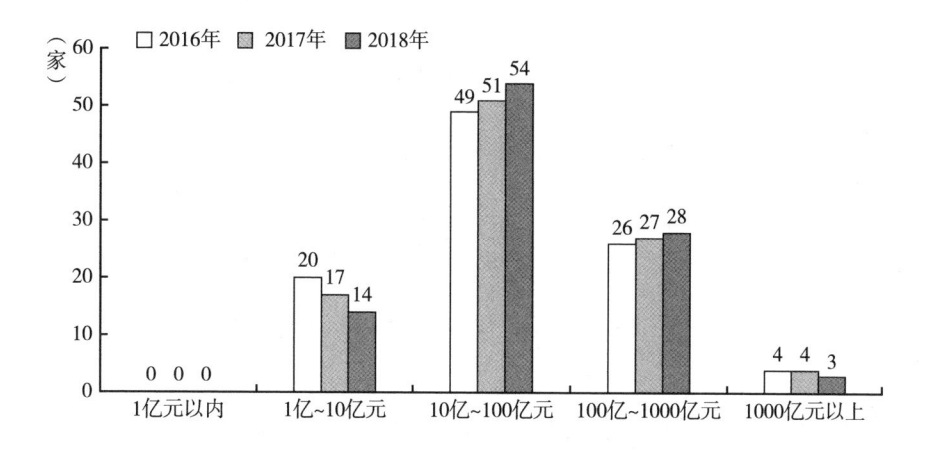

图11 2016~2018年"义利99"纳税规模分布

（五）市值超千亿元占比逾五成

如图12所示，2016~2018年，"义利99"中1000亿元以上市值的上榜公司分别有40家、42家、52家，呈上升趋势；而500亿元市值以内的上市公司分别有37家、31家、17家，逐步减少。上榜公司市值最小的是盈趣科技（002925.SZ），为147.47亿元，2017年最小的是东软集团（600718.SH），为212.09亿元；市值最大的仍旧是工商银行（601398.SH），为2.13万亿元。2018年，1000亿元市值以内的上榜公司共47家；1000亿元市值以上的上榜公司共52家。可以看出，越来越多大市值上市公司表现出良好的社会价值。

（六）国有企业占比逾六成

如图13所示，从所有制结构看，2018年"义利99"中，国有企

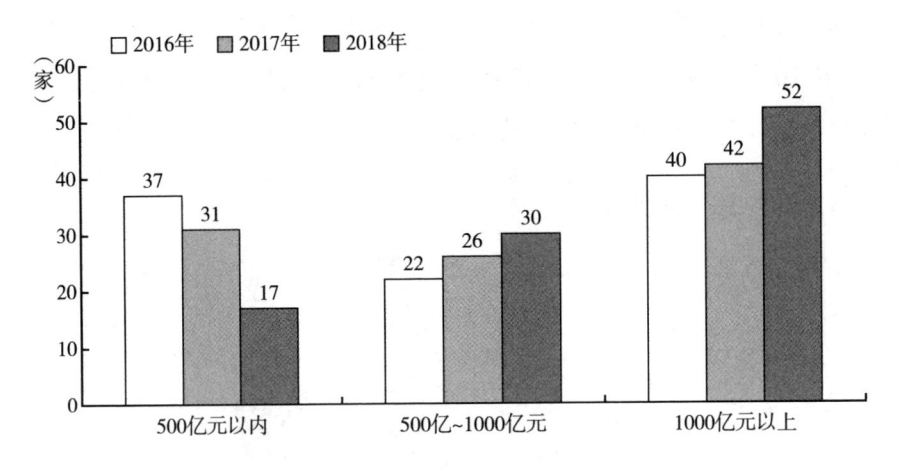

图 12 2016~2018 年"义利 99"市值分布

业共 64 家,比 2017 年增加 5 家;民营企业共 25 家,与 2017 年保持一致;呈现国有、民营共创社会价值的态势。国有企业中,40 家央企中,9 家公司为新上榜,2017 年的 8 家公司出榜;24 家地方国企中,12 家公司为新上榜,2017 年的 8 家公司出榜。在 25 家民营企业中,13 家公司为新上榜,2017 年的 13 家公司出榜。在 10 家其他企业中,2 家公司为新上榜,2017 年的 7 家公司出榜。我们看到,国企

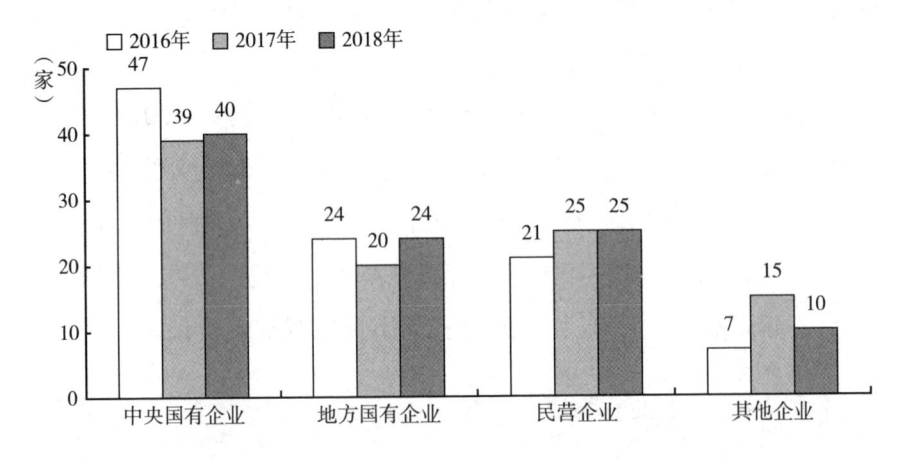

图 13 2016~2018 年"义利 99"所有制分类

尤其是央企在提升社会福祉和促进环境保护方面发挥了示范作用。难能可贵的是，面对激烈的市场竞争，复星医药（第12名）、正泰电器（第45名）和碧水源（第52名）等25家民营企业义利并举谋求发展，2018年进入了"义利99"。总体看出，不论是公有制经济还是民营经济，都能够创造良好的社会价值。

（七）主板为主、上交所居多

如图14所示，2016~2018年，"义利99"中主板上市公司分别有84家、85家、85家，其中来自上交所的从63家上升到71家，来自深交所的从21家减少到14家。

2018年"义利99"中，71家上交所主板上市，占比71.72%，其中22家为新上榜公司，2017年的19家公司出榜；14家在深交所主板上市，占比14.14%，其中2家为新上榜公司，2017年的5家公司出榜；11家在中小企业板上市，其中5家为新上榜公司，2017年的6家公司出榜；3家在创业板上市，2017年的2家公司仍在榜，三聚环保（300072.SZ）为新上榜公司。

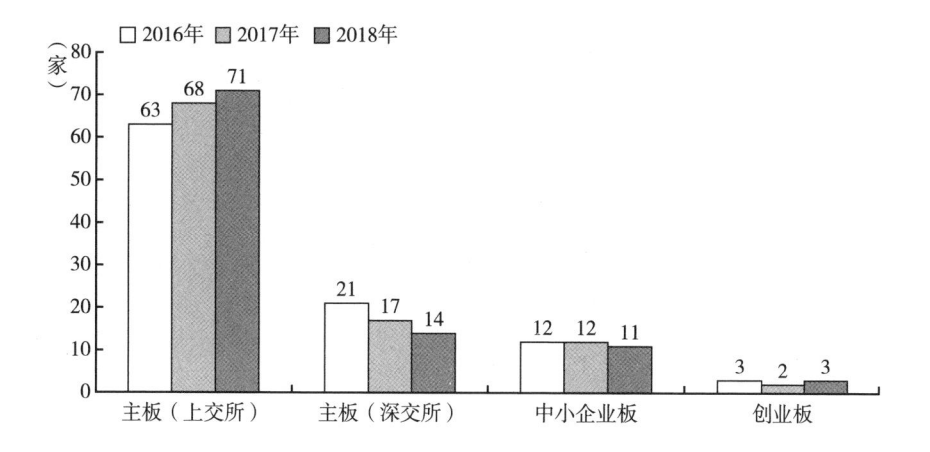

图14 2016~2018年"义利99"交易场所与板块分布

六　聚焦分析

在了解2018年"义利99"排行榜群体全貌之后，我们选取连续三年位于排行榜前十的中国建筑（601668.SH）、京东方A（000725.SZ）、中国神华（601088.SH），连续三年上榜的青岛海尔（600690.SH）以及2018年排行榜创业板公司排名第一的碧水源（300070.SZ）进行聚焦分析。

（一）中国建筑

1. 基础信息

公司名称：中国建筑股份有限公司

公司简称：中国建筑

股票代码：601668.SH

中证行业：工业

上市时间：2009年7月29日

社会价值排名（总榜）：1（2018年）

社会价值排名（行业）：1（2018年）

社会价值评级：AA+

信息披露工作评价（上交所）：A（2017年）

信息完备度：98.18%

员工总数（人）：270467

纳税总额（亿元）：465.56（2017年）

环保投入（万元）：5399（2017年）

对外捐赠（万元）：6400（2017年）

2. 评估概要

连续三年蝉联上市公司社会价值"义利99"排行榜榜首。

企业价值、战略、业务越来越契合可持续发展目标、五大发展理念和社会价值主张。

创新能力突出：截至 2017 年累计获得国家科学技术进步奖 71 项，获发明专利 1810 项。

经济：保持持续平稳增长，近 4 年营收及归属净利润复合增长率分别为 11% 和 13%。

社会：2017 年安全生产投入 171.5 亿元；开展志愿者活动超过 4000 次，员工志愿者活动时间超过 11 万小时。

环境：万元增加值综合能耗 0.3054 吨标煤，下降 0.002 吨。

3. 风险事件

中国建筑股份有限公司 2017 年至 2018 年 10 月因施工夜间噪声问题、工地防尘问题、施工机械排放超标问题先后被北京、深圳等地环保局处罚 7 次。

4. 价值构成

中国建筑的经济贡献、社会贡献、环境贡献大大超过工业行业以及沪深 300 平均水平。

表 2　中国建筑价值构成情况

评估对象	经济贡献				
	营业收入（亿元）	净利润（亿元）	总市值（亿元）	股息率（%）	市盈率（倍）
中国建筑	10541.07	466.49	2706.00	2.38	8.76
工业	1005.69	48.06	730.88	1.34	30.71
沪深 300	840.88	94.74	1170.92	1.59	36.11

评估对象	社会贡献					环境贡献		
	客户价值（%）	员工权益（%）	安全运营（%）	合作伙伴（%）	公益贡献（%）	环境管理（%）	绿色发展（%）	污染防控（%）
中国建筑	100.00	93.33	100.00	100.00	83.33	71.43	100.00	66.67
工业	71.38	63.22	86.30	50.93	65.56	52.34	29.86	48.06
沪深 300	57.25	53.36	77.11	46.74	59.56	47.00	29.56	40.32

5. 价值成因

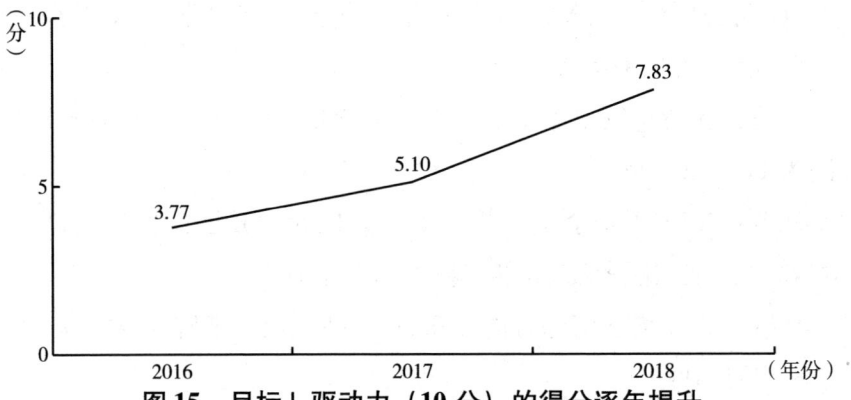

图 15　目标丨驱动力（10 分）的得分逐年提升

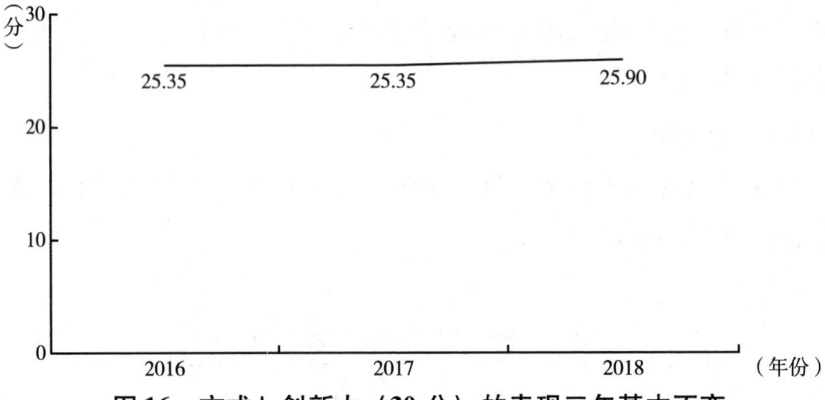

图 16　方式丨创新力（30 分）的表现三年基本不变

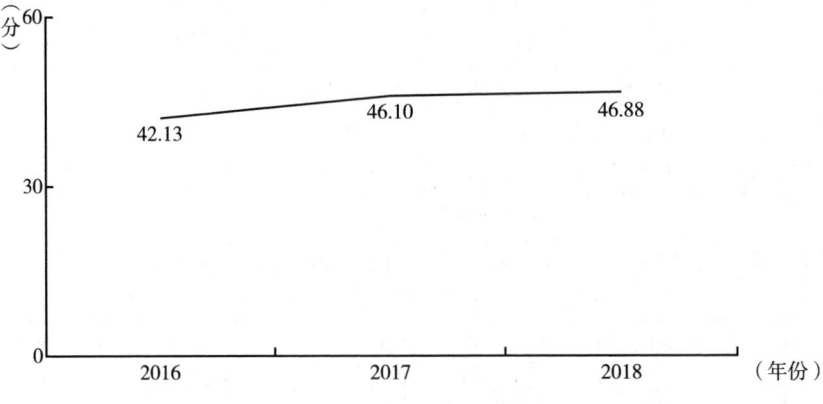

图 17　效益丨转化力（60 分）的得分有所提升

6. 同业对标

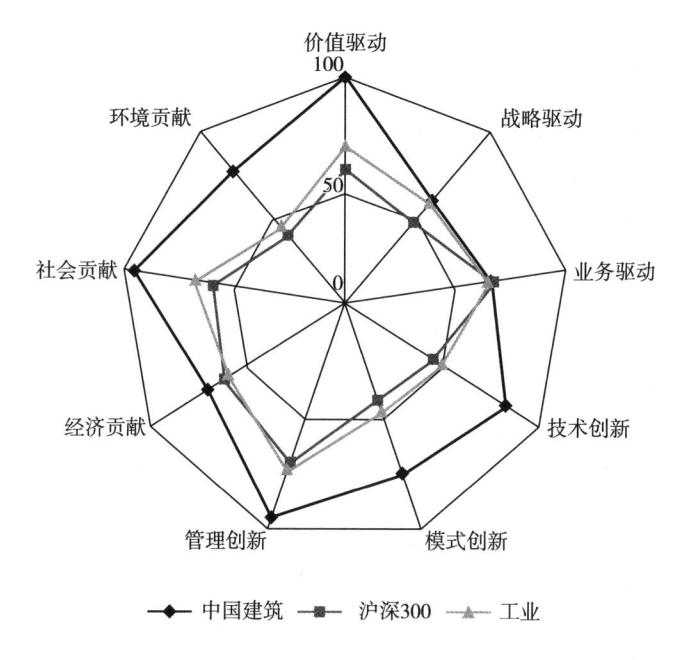

图 18 同业对标（单位：%）

7. 股价走势

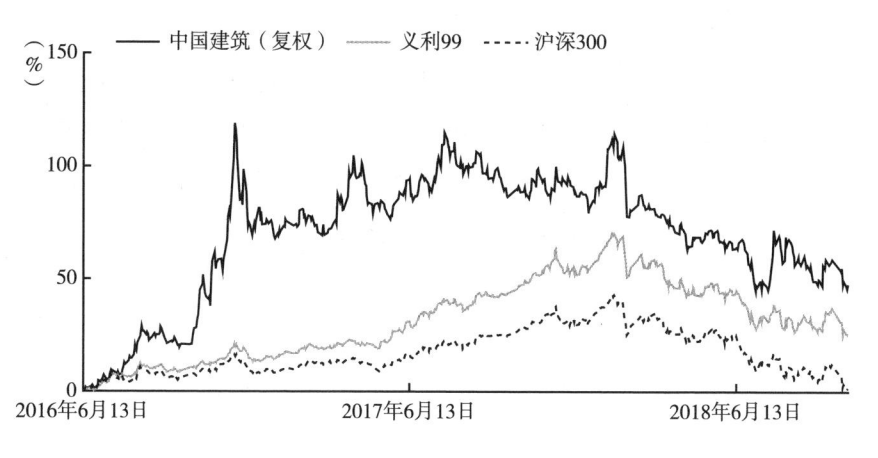

图 19 股价走势

（二）京东方 A

1. 基础信息

公司名称：京东方科技集团股份有限公司

公司简称：京东方 A

股票代码：000725.SZ

中证行业：信息技术

上市时间：2001 年 1 月 12 日

社会价值排名（总榜）：4（2018 年）

社会价值排名（行业）：1（2018 年）

社会价值评级：AA

信息披露工作评价（深交所）：A（2017 年）

信息完备度：90.91%

员工总数（人）：62516

纳税总额（亿元）：24.8（2017 年）

环保投入（万元）：40862（2017 年）

对外捐赠（万元）：1883（2017 年）

2. 评估概要

连续三年位于上市公司社会价值"义利99"排行榜前十。

创新：研发投入从 2013 年的 19 亿元增长到 2017 年的 69.7 亿元，5 年间增长 267%；年新增专利申请量从 2013 年的 4282 件增长到 2017 年的 8678 件，5 年间增长 103%。

经济：营业收入从 2013 年的 338 亿元增长到 2017 年的 938 亿元，5 年间增长 178%；归属于上市公司股东净利润从 2013 年的 23.5 亿元增长到 2017 年的 75.68 亿元，5 年间增长 222%。

环境：2017 年，京东方单位面积能耗和水耗较 2014 年分别下降了 27.37% 和 28.57%；京东方实施重点节能减排项目年节电 2850 万千瓦时，节水 12.1 万吨，减排污泥 38000 吨，实现费用节约 2336 万元。

3. 风险事件

汇兑损失导致公司 2018 年 3 季度财务费用同比大增 231.4%，净利润仅实现 4.03 亿元，同比下降 81.4%。

4. 价值构成

京东方营业收入是信息技术行业平均水平的 5.8 倍，净利润是行业平均水平的 4.2 倍；社会贡献和环境贡献的表现远优于行业平均水平。

表3 京东方 A 价值构成情况

评估对象	经济贡献				
	营业收入（亿元）	净利润（亿元）	总市值（亿元）	股息率（%）	市盈率（倍）
京东方 A	938.00	78.60	1999.52	0.86	24.52
信息技术	161.91	18.72	645.48	0.65	65.81
沪深 300	840.88	94.74	1170.92	1.59	36.11

评估对象	社会贡献					环境贡献		
	客户价值（%）	员工权益（%）	安全运营（%）	合作伙伴（%）	公益贡献（%）	环境管理（%）	绿色发展（%）	污染防控（%）
京东方 A	100.00	93.33	100.00	100.00	83.33	90.48	58.33	83.33
信息技术	57.18	39.77	69.35	32.95	45.98	42.53	15.23	14.37
沪深 300	57.25	53.36	77.11	46.74	59.56	47.00	29.56	40.32

5. 价值成因

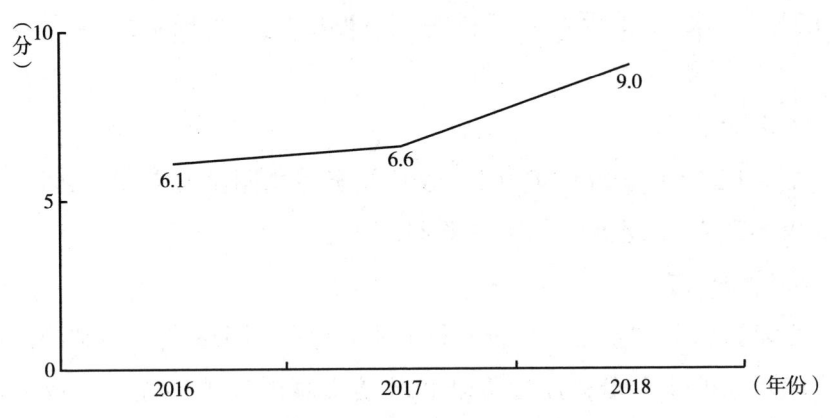

图20　目标Ⅰ驱动力的得分（10分）2018年大幅提升

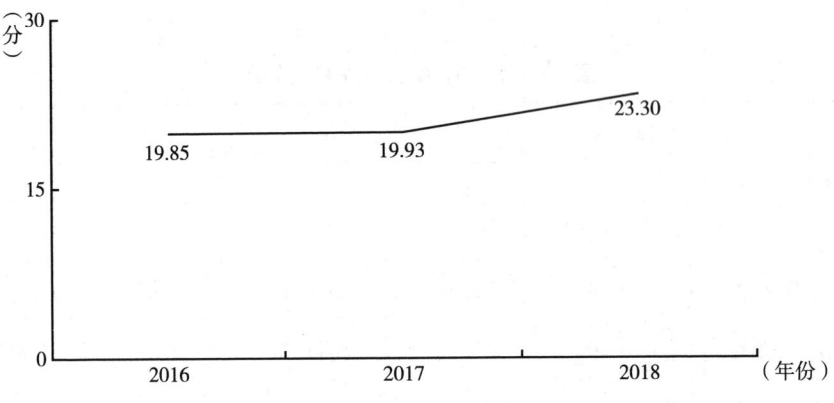

图21　方式Ⅰ创新力的得分（30分）2018年大幅提升

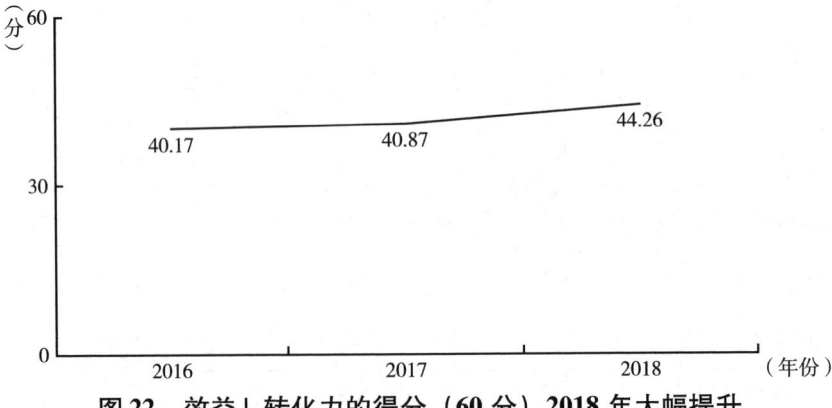

图22　效益Ⅰ转化力的得分（60分）2018年大幅提升

6. 同业对标

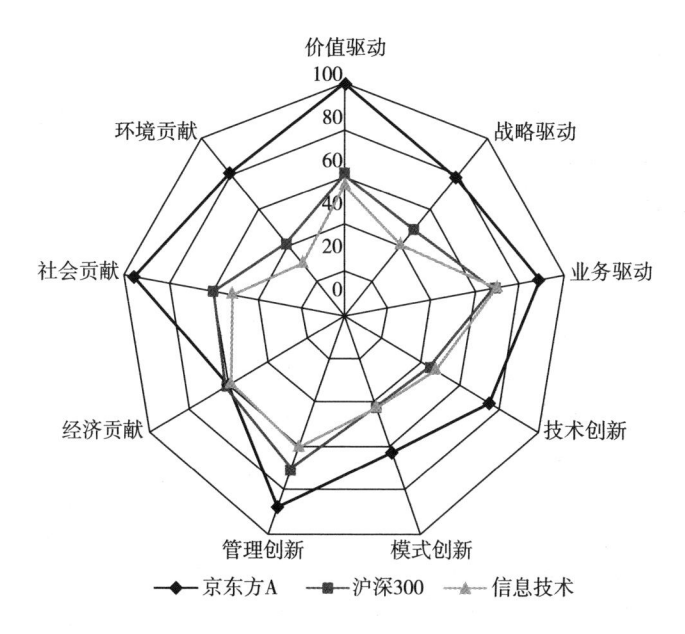

图23 同业对标（单位：%）

7. 股价走势

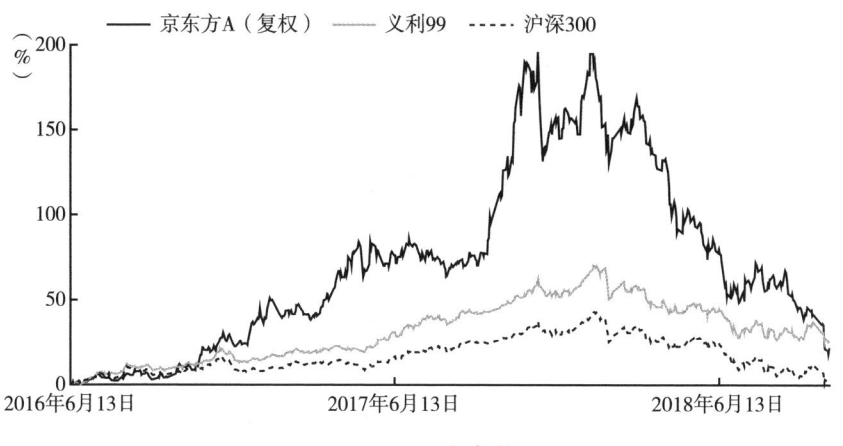

图24 股价走势

（三）中国神华

1. 基础信息

公司名称：中国神华能源股份有限公司

公司简称：中国神华

股票代码：601088.SH

中证行业：能源

上市时间：2007年10月9日

社会价值排名（总榜）：8（2018年）

社会价值排名（行业）：1（2018年）

社会价值评级：AA-

信息披露工作评价（上交所）：A（2017年）

信息完备度：90.91%

员工总数（人）：89057

纳税总额（亿元）：486.93（2017年）

环保投入（万元）：96800（2017年）

对外捐赠（万元）：6300（2017年）

2. 评估概要

连续三年位于上市公司社会价值"义利99"排行榜前十。

经济：2017年，公司营业收入2487.5亿元，实现利润总额703.3亿元，归母净利润为450.4亿元，同比分别增长35.8%、80.8%、98.3%。

安全：2017年安全生产投入资金39.57亿元，2017年实现了0.003%的百万吨死亡率，大大低于0.106%的全国煤矿百万吨死亡率。

环境：2017年生态建设资金投入3.32亿元，新增绿化面积3612.5万平方米；加强废水综合治理回用，2017年产生废水总量

180.93 百万吨,综合利用量 129.2 百万吨,废水综合利用率 71.41%;2017 年固体废物综合利用率 32.4%。

3. 风险事件

2018 年 7 月中国神华能源股份有限公司神东煤炭分公司因总磷超标排放被榆林市环保局处罚 10 万元并责令改正。

4. 价值构成

中国神华 2018 年营业收入低于能源行业平均水平,但是净利润是能源行业平均水平的 3.5 倍,利润率大大高于能源行业平均水平;中国神华污染防控的表现大大优于能源行业平均水平,但是环境管理的表现弱于行业平均水平。

表4 中国神华价值构成情况

评估对象	经济贡献				
	营业收入(亿元)	净利润(亿元)	总市值(亿元)	股息率(%)	市盈率(倍)
中国神华	2487.46	540.50	4396.26	3.93	11.23
能源	3958.81	154.22	2324.09	2.33	26.77
沪深300	840.88	94.74	1170.92	1.59	36.11

评估对象	社会贡献					环境贡献		
	客户价值(%)	员工权益(%)	安全运营(%)	合作伙伴(%)	公益贡献(%)	环境管理(%)	绿色发展(%)	污染防控(%)
中国神华	91.67	86.67	77.78	55.56	83.33	57.14	41.67	100.00
能源	61.32	65.13	78.63	47.86	62.82	60.62	38.46	61.54
沪深300	57.25	53.36	77.11	46.74	59.59	47.00	29.56	40.32

5. 价值成因

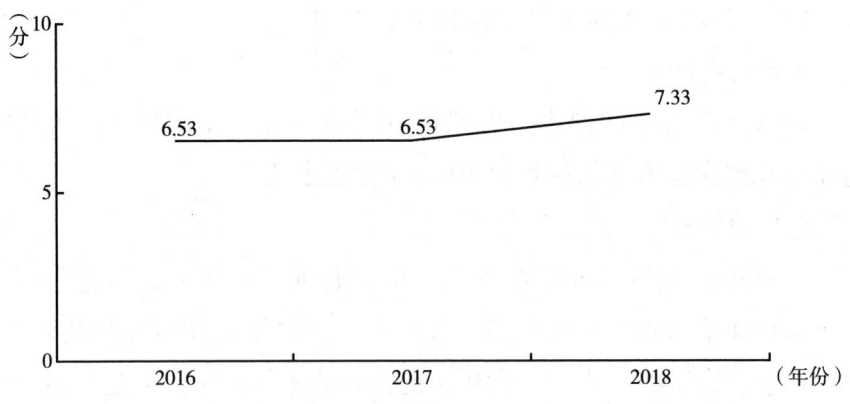

图25　目标丨驱动力的得分（10分）2018年明显上升

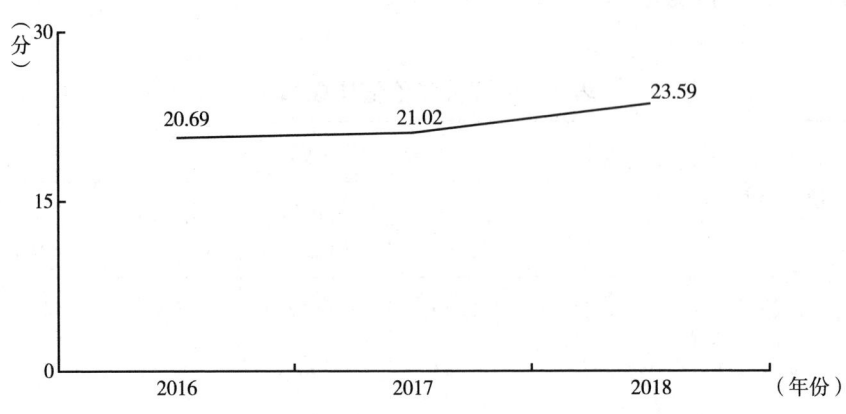

图26　方式丨创新力的得分（30分）2018年加速上升

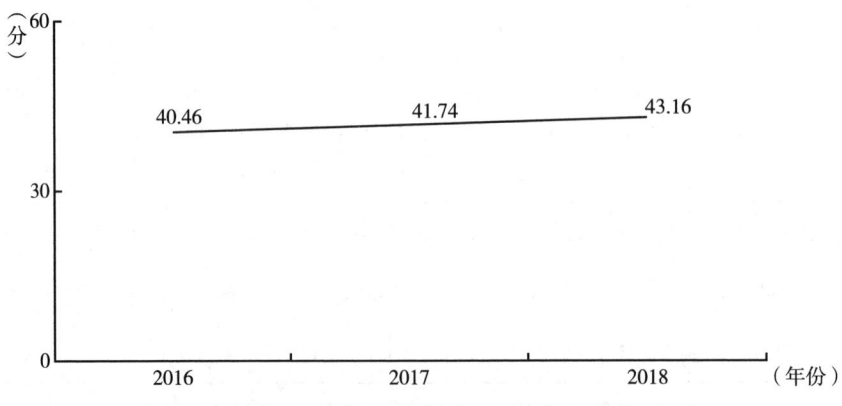

图27　效益丨转化力的得分（60分）逐年上升

6. 同业对标

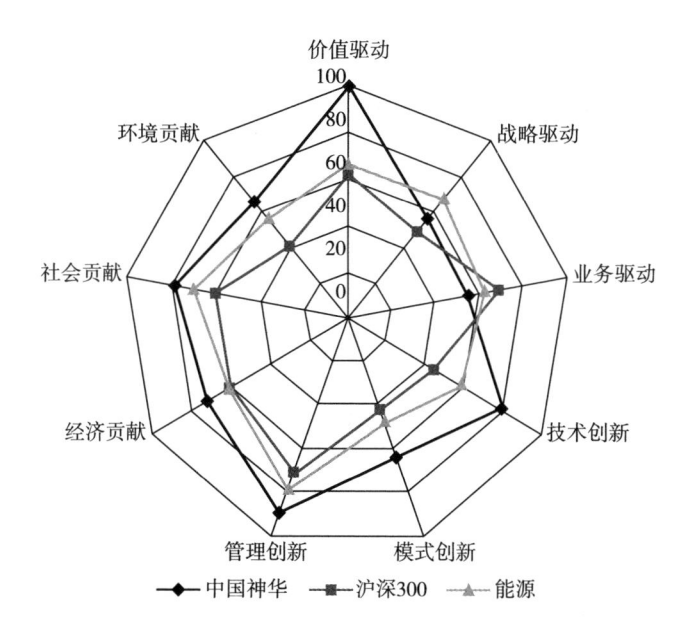

图 28　同业对标（单位:%）

7. 股价走势

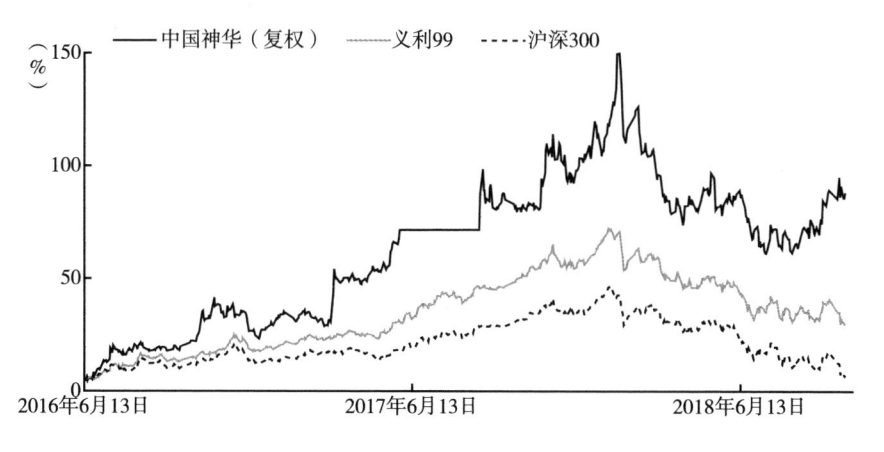

图 29　股价走势

（四）青岛海尔

1. 基础信息

公司名称：青岛海尔股份有限公司

公司简称：青岛海尔

股票代码：600690.SH

中证行业：可选消费

上市时间：1993年11月19日

社会价值排名（总榜）：18（2018年）

社会价值排名（行业）：2（2018年）

社会价值评级：AA－

信息披露工作评价（上交所）：A（2017年）

信息完备度：81.82%

员工总数（人）：76896

纳税总额（亿元）：78.35（2017年）

环保投入（万元）：－（2017年）

对外捐赠（万元）：1296（2017年）

2. 评估概要

连续三年位于上市公司社会价值"义利99"排行榜。

创新：海尔累计申请专利2.5万余项，其中发明专利1.5万余项，覆盖25个国家和地区，是中国在海外布局发明专利最多的家电企业。

经济：2017年营业收入、归母净利润、经营活动现金流净额同比分别增长33.68%、37.37%、97.72%。

社会：截至2017年，累计建设了200多所希望学校。

环境：2017年，万元产值能耗8.33千克标准煤/万元，同比下降13.22%；减排二氧化碳41859.74吨。

3. 风险事件

2018年5月17日海尔空调被世卫组织评估为"全球健康空气领袖"品牌，后遭世卫组织辟谣。

2018年海尔消费金融因违反消费者权益保护法被人行青岛市中心支行罚款10万元。

4. 价值构成

青岛海尔营业收入是可选消费行业平均水平的两倍；安全运营、合作伙伴、公益贡献、环境管理、污染防控的表现大大优于行业平均水平，但是客户价值的表现弱于行业平均水平。

表5 青岛海尔价值构成情况

评估对象	经济贡献				
	营业收入（亿元）	净利润（亿元）	总市值（亿元）	股息率（%）	市盈率（倍）
青岛海尔	1592.54	90.52	1148.75	1.82	16.66
可选消费	709.19	51.18	818.04	1.74	38.13
沪深300	840.88	94.74	1170.92	1.59	36.11

评估对象	社会贡献					环境贡献		
	客户价值（%）	员工权益（%）	安全运营（%）	合作伙伴（%）	公益贡献（%）	环境管理（%）	绿色发展（%）	污染防控（%）
青岛海尔	38.89	46.67	100.00	77.78	83.33	71.43	25.00	83.33
可选消费	54.90	44.04	70.76	43.86	47.37	48.12	15.13	30.70
沪深300	57.25	53.36	77.11	46.74	59.56	47.00	29.56	40.32

5. 价值成因

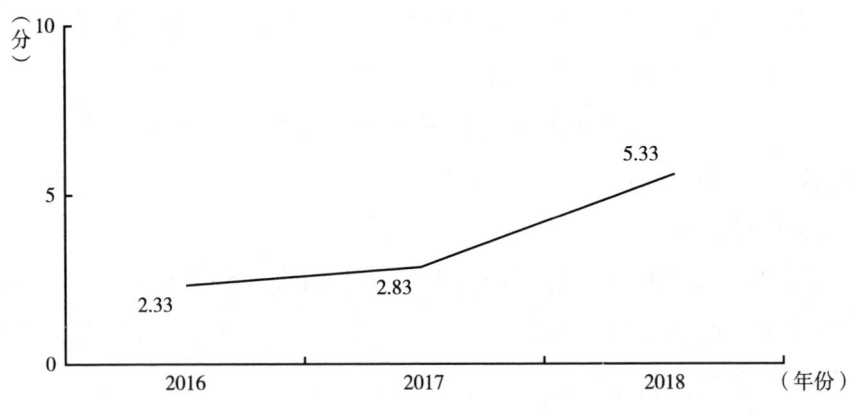

图30　目标 | 驱动力的得分（10 分）2018 年大幅提升

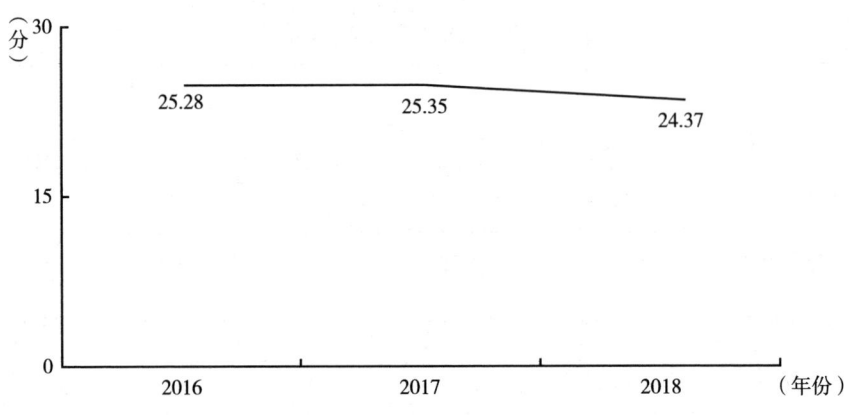

图31　方式 | 创新力的得分（30 分）2018 年在下跌

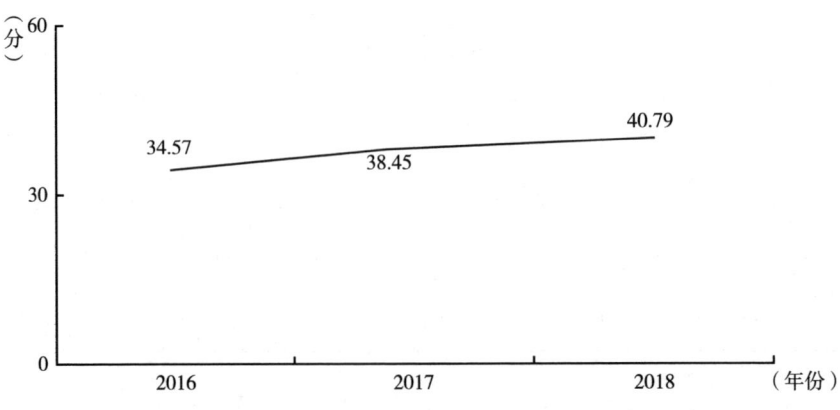

图32　效益 | 转化力的得分（60 分）逐年上升

6. 同业对标

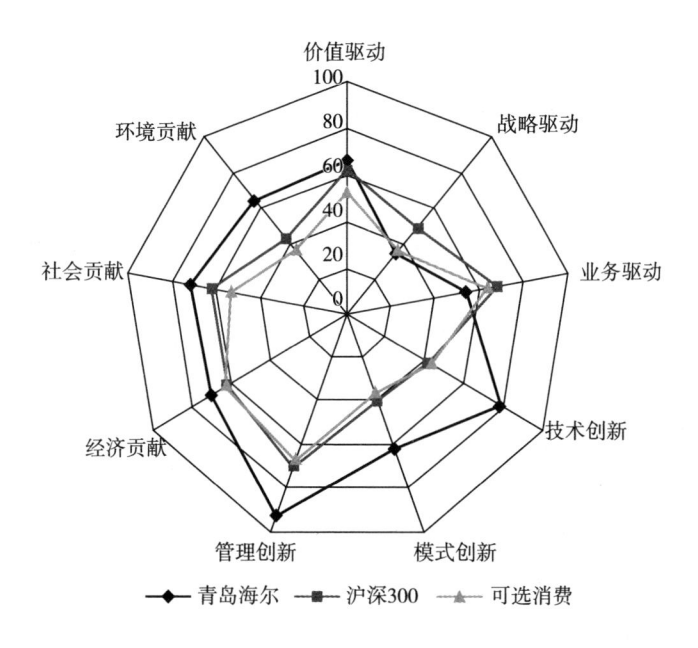

图33 同业对标（单位:%）

7. 股价走势

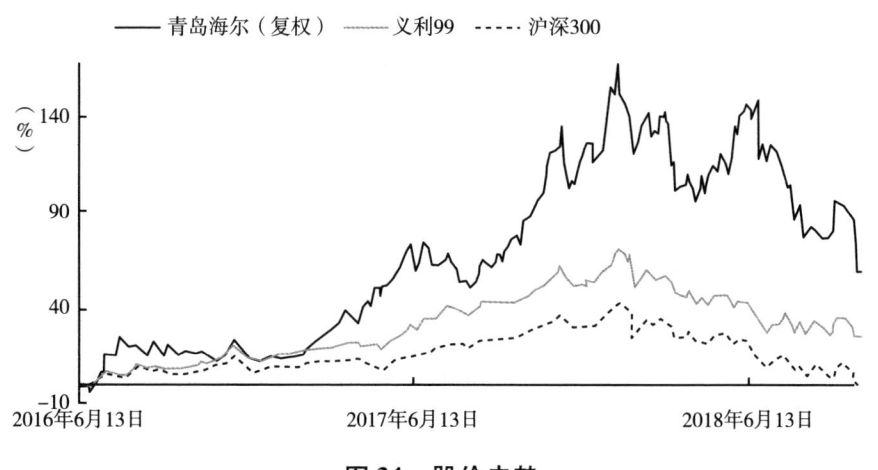

图34 股价走势

（五）碧水源

1. 基础信息

公司名称：北京碧水源科技股份有限公司

公司简称：碧水源

股票代码：300070.SZ

中证行业：工业

上市时间：2010年4月21日

社会价值排名（总榜）：52（2018年）

社会价值排名（行业）：15（2018年）

社会价值评级：A

信息披露工作评价（深交所）：B（2017年）

信息完备度：81.82%

员工总数（人）：2732

纳税总额（亿元）：8.12（2017年）

环保投入（万元）：－（2017年）

对外捐赠（万元）：554（2017年）

2. 评估概要

连续三年位于上市公司社会价值"义利99"排行榜。

在2018年"义利99"排行榜创业板公司中排名第一。

经济：营业收入由2010年的5亿元增长到2017年的137.67亿元，增长了26.5倍；归母净利润由2010年的1.77亿元增长到2017年的25.09亿元，增长了13倍。

社会：截至2017年底，"碧水惠民"健康水站已在京津冀、四川、云南、广西、黑龙江等地区投放惠民水站2000多台。未来将在全国建设10万台，让3000万个农村家庭近1.2亿农村百姓受惠。

环境：公司每天膜法水处理总规模超过2000万吨，每年可为国家新增高品质再生水超过70亿吨。

3. 风险事件

2018年5月因关联交易未及时履行审议程序和信披义务收到深交所监管函。

4. 价值构成

碧水源营业收入远远低于工业行业平均水平，但是利润率高于工业行业平均水平；碧水源污染防控的得分远远低于工业行业平均水平，环境贡献方面有待加强。

表6 碧水源价值构成情况

评估对象	经济贡献				
	营业收入（亿元）	净利润（亿元）	总市值（亿元）	股息率（%）	市盈率（倍）
碧水源	137.67	25.91	544.32	0.52	25.35
工业	1005.69	48.06	730.88	1.34	30.71
沪深300	840.88	94.74	1170.92	1.59	36.11

评估对象	社会贡献					环境贡献		
	客户价值（%）	员工权益（%）	安全运营（%）	合作伙伴（%）	公益贡献（%）	环境管理（%）	绿色发展（%）	污染防控（%）
碧水源	61.11	80.00	77.78	66.67	66.67	57.14	33.33	16.67
工业	71.38	63.22	86.30	50.93	65.56	52.34	29.86	48.06
沪深300	57.25	53.36	77.11	46.74	59.56	47.00	29.56	40.32

5. 价值成因

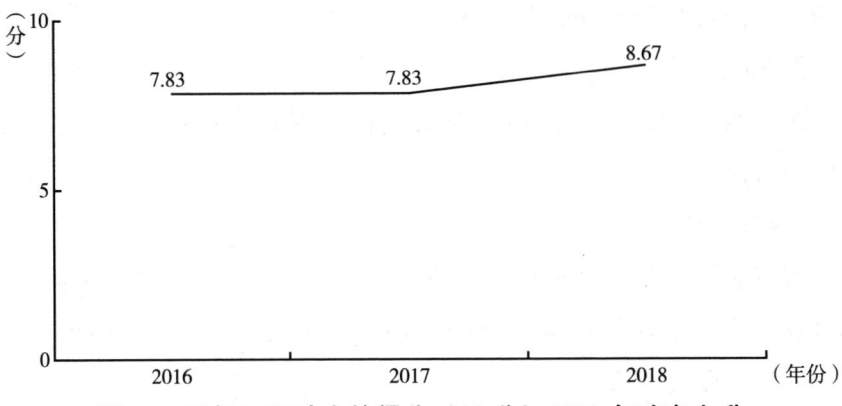

图 35　目标 I 驱动力的得分（10 分）2018 年略有上升

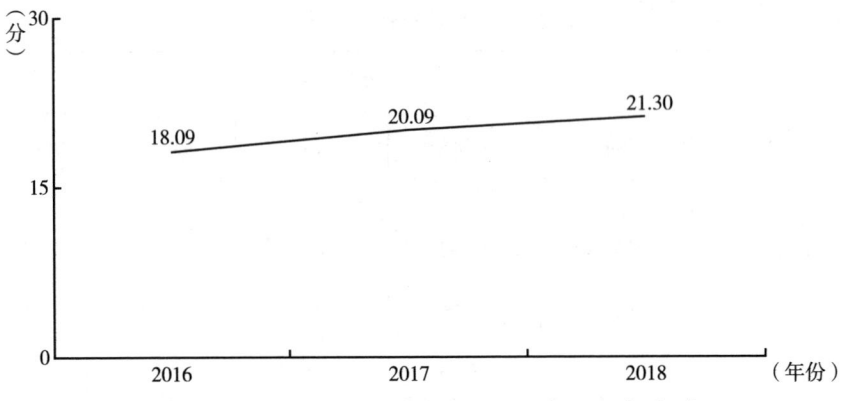

图 36　方式 I 创新力的得分（30 分）逐年上升

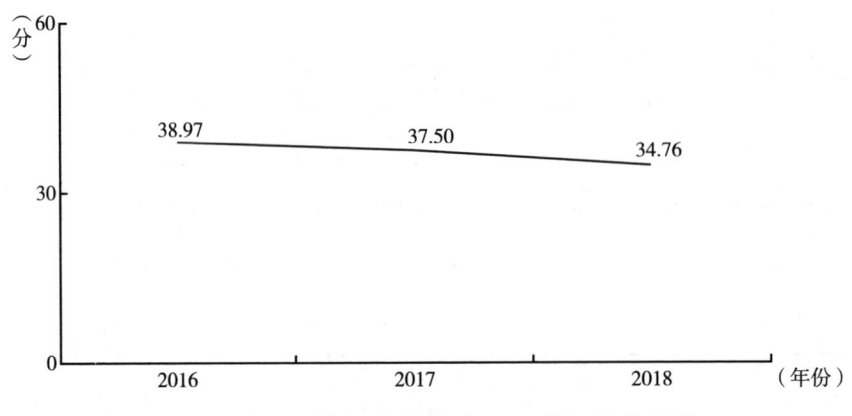

图 37　效益 I 转化力的得分（60 分）逐年下降

6. 同业对标

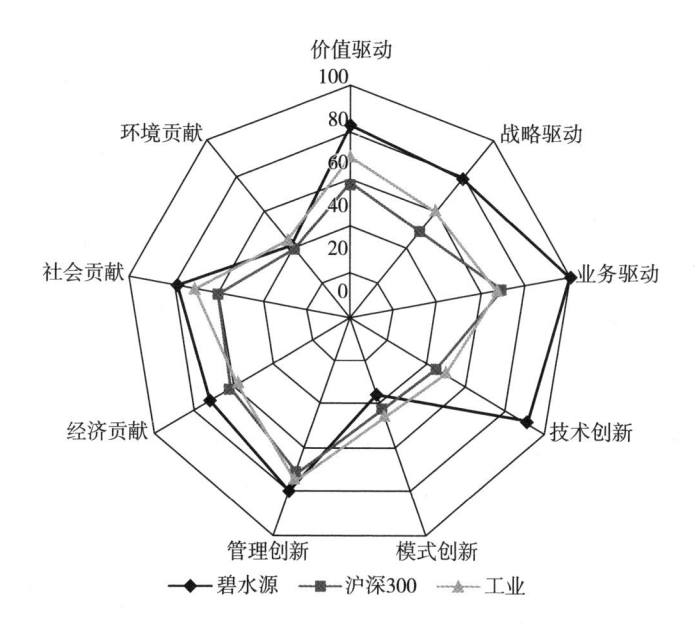

图38 同业对标（单位：%）

7. 股价走势

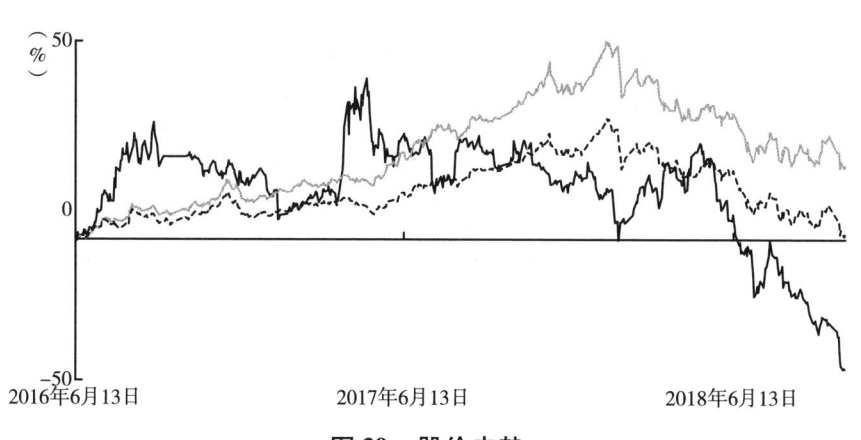

图39 股价走势

七　小结

2018年"义利99"上榜公司的社会价值表现较2017年有所提升。

从总体来看，2018年"义利99"社会价值总得分比上年高出556.31分，增幅达9.29%。

从结构来看，目标 | 驱动力得分比上年高出183.47分，增幅达38.57%；方式 | 创新力得分比上年高出168.63分，增幅达9.50%；效益 | 转化力得分比上年高出204.21分，增幅达5.46%。

从合一度来看，上榜公司合一度系数为87.53%，比上年增加了8.53个百分点。

从义利特征来看，义利兼优的上榜公司23家，比上年增加了16家，上榜公司从"义利兼具"向"义利双优"的方向迁移。

从经济贡献来看，"义利99"平均营收1791.93亿元，比上年增长4.52%；平均净利润210.50亿元，比上年增长4.62%；平均市值2157.89亿元，比上年增长2.42%。

从社会贡献来看，各项指标均有所提升，提升次序为公益贡献（21.83个百分点）、合作伙伴（15.38个百分点）、客户价值（2.97个百分点）、安全运营（2.25个百分点）和员工权益（0.44个百分点）。

从环境贡献来看，除了绿色发展，其他两个方面均有提升，按照改善状况，提升次序为环境管理（18.48个百分点）、污染防控（3.32个百分点）和绿色发展（−0.80个百分点）。

R.3
对比"义利99"：沪深300及比较优势

在勾勒出"义利99"群体画像及过去3年的发展走势后，我们进行了更深入的思考：作为一个社会价值导向的排行榜，"义利99"是否具有比较优势？是的话，又具有怎样的比较优势？我们将"义利99"与沪深300从目标丨驱动力、方式丨创新力、效益丨转化力三个维度进行横向对比。

一 合力对比

2018年"义利99"在3个一级指标（目标丨驱动力、方式丨创新力、效益丨转化力）、9个二级指标（价值驱动、战略驱动、业务驱动、技术创新、模式创新、管理创新、经济贡献、社会贡献、环境贡献）的得分率与2017年情况类似，全面超越沪深300。

2017年"义利99"在价值驱动、管理创新、社会贡献和环境贡献4个指标的得分率上领先沪深300并超过10个百分点。2018年"义利99"领先沪深300并超过10个百分点的有技术创新、社会贡献和环境贡献。虽然两者价值驱动和管理创新的得分率均有提升，但在价值驱动方面的差距从10.46个百分点缩小到9.25个百分点；在管理创新方面的差距从13.77个百分点缩小到9.98个百分点。

（一）目标丨驱动力对比

从目标丨驱动力来看，"义利99"的价值驱动、战略驱动和业务驱动的得分率均高于沪深300。"义利99"的价值驱动和业务驱动得分率超过60%。在战略驱动方面,"义利99"和沪深300得分均较低。分析数据显示,上市公司普遍欠缺义利并举的战略目标,缺乏中长期可持续发展规划。

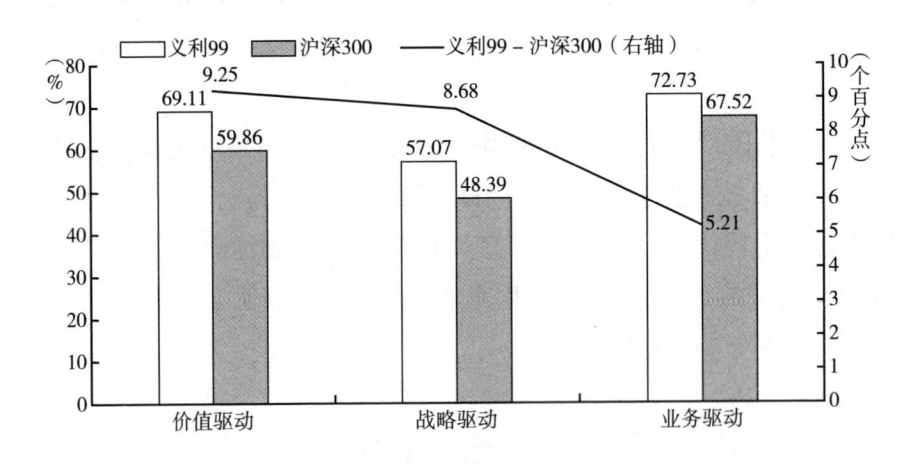

图1 目标 | 驱动力对比

(二)方式 | 创新力对比

从方式 | 创新力来看,"义利99"的技术创新、模式创新和管理创新的得分率均高于沪深300。特别显著的是2018年"义利99"的技术创新得分率为57.30%,比沪深300高13.64个百分点,体现了"义利99"显著的社会价值创新属性(绿色的、普惠的、安全的、健康的、便民的)。2018年"义利99"的管理创新表现也较好,得分率为79.14%,比沪深300整体高了近10个百分点,上榜公司在参与机制、披露机制、激励机制和风控机制方面均有出色表现。

(三)效益 | 转化力对比

从效益 | 转化力来看,"义利99"的经济贡献、社会贡献和环

对比"义利99":沪深300及比较优势

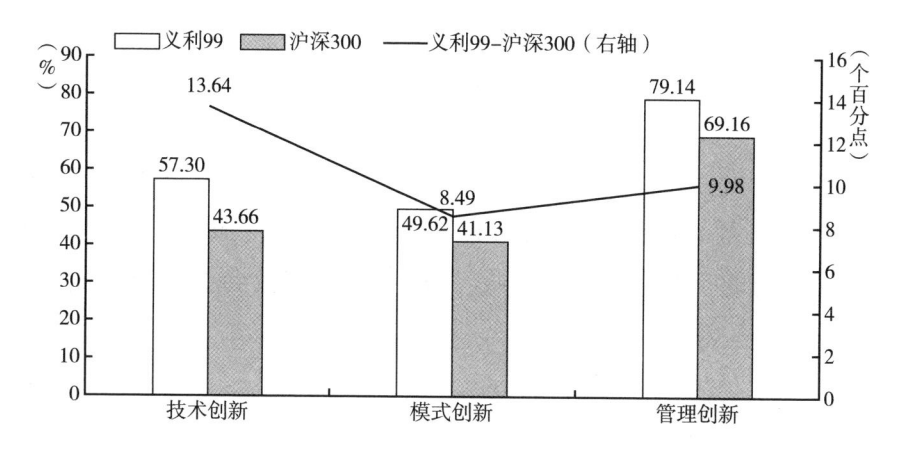

图2 方式|创新力对比

(技术创新:义利99 57.30,沪深300 43.66,差13.64;模式创新:义利99 49.62,沪深300 41.13,差8.49;管理创新:义利99 79.14,沪深300 69.16,差9.98)

境贡献的得分率均高于沪深300。2018年"义利99"与沪深300的经济贡献差距较小,仅有4.87个百分点,但是社会贡献和环境贡献的差距巨大,"义利99"均比沪深300高15个百分点以上。值得注意的是,"义利99"与沪深300的环境贡献得分率均未达60%,上市公司在环境管理、绿色发展和污染防控方面均有较大的提升空间。

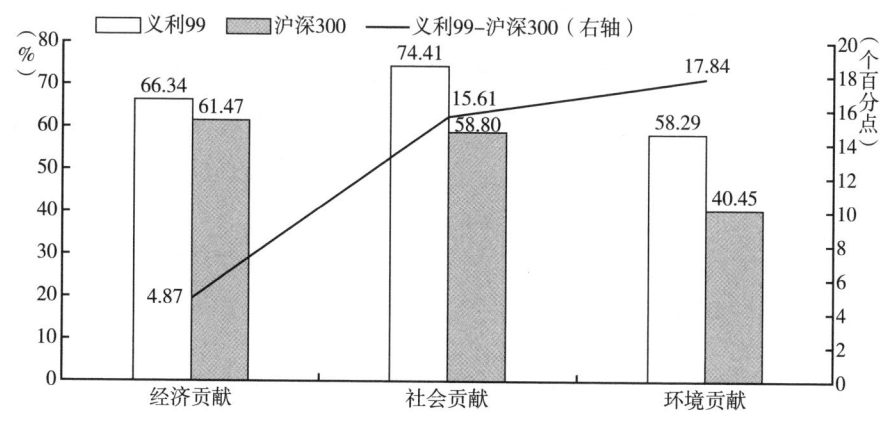

图3 效益|转化力对比

(经济贡献:义利99 66.34,沪深300 61.47,差4.87;社会贡献:义利99 74.41,沪深300 58.80,差15.61;环境贡献:义利99 58.29,沪深300 40.45,差17.84)

077

二 义维对比

对比分析了"义利99"与沪深300在3个一级指标和9个二级指标的表现后,我们下沉到"评分子模型"中权重占比最大的效益丨转化力的三级指标,去寻找"义利99"在社会贡献与环境贡献中得分远超沪深300的原因。

(一)社会贡献对比

社会贡献体现在客户价值、员工权益、安全运营、合作伙伴和公益贡献5个方面。2018年"义利99"在除安全运营外的4个方面均领先沪深300超过10个百分点,体现出显著的比较优势。

如图4所示,从得分率来看,安全运营的得分率最高,2018年"义利99"与沪深300分别为85.19%与77.11%;合作伙伴得分率偏低,"义利99"与沪深300分别为68.35%与46.74%;客户价值、员工权益与公益贡献居中。这说明以"义利99"为代表的上市公司,较为关注安全管理和事故处理,但是对于利益相关方的合作关系及公平运营尚有缺憾。

从差值来看,2018年"义利99"与沪深300差距最小的是安全运营,为8.08个百分点,这说明上市公司普遍重视安全管理;差距最大的是合作伙伴,达21.61个百分点,这说明以"义利99"为代表的上市公司更重视与合作伙伴的关系管理。

(二)环境贡献对比

环境贡献体现在环境管理、绿色发展和污染防控3个方面。2018年"义利99"在这3个方面的得分率均领先于沪深300,体现出显著的比较优势。

对比"义利99":沪深300及比较优势

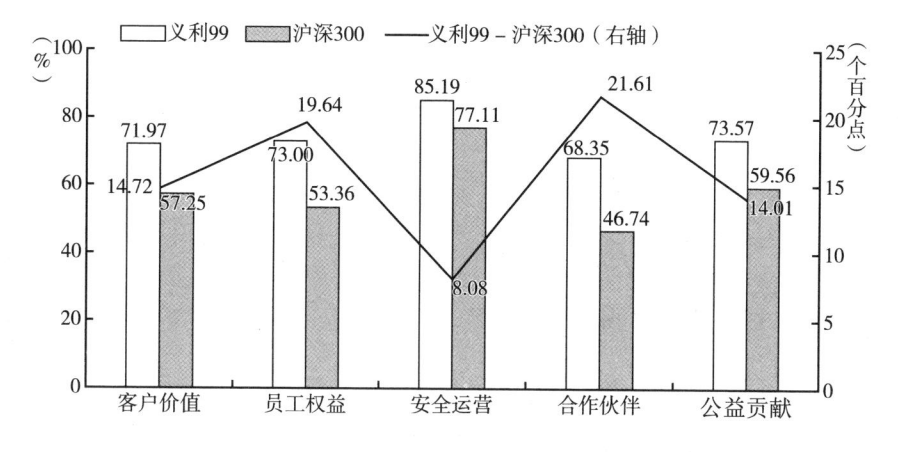

图4 社会贡献对比

如图5所示,具体来看,污染防控的得分率最高,2018年"义利99"与沪深300分别为64.35%和40.32%,相差24.03个百分点;绿色发展得分率偏低,分别为50.08%与29.56%,相差20.52个百分点。这说明以"义利99"为代表的上市公司,在"三废"减排与应对气候变化等领域做出了切实努力,但在能源、水资源、物料消耗的管理方面有待加强,还未将绿色理念融入生产经营中。

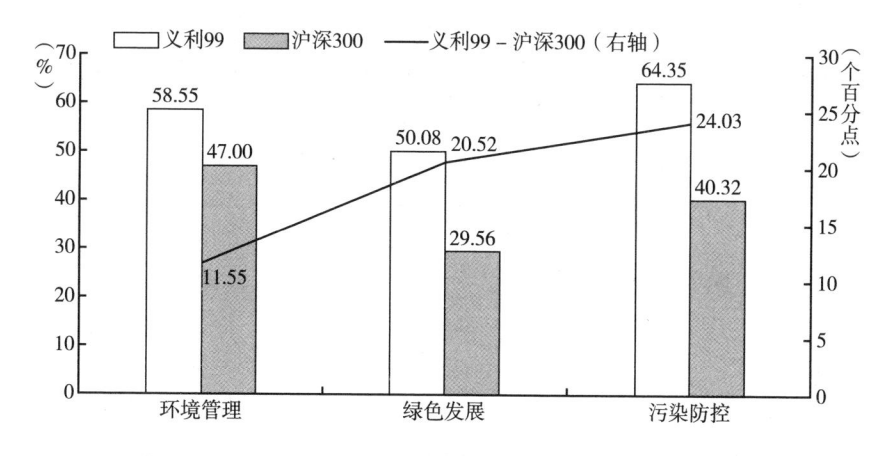

图5 环境贡献对比

079

三 利维对比

我们从行业分析、资产规模、营收规模、纳税总额、市值规模、所有制结构、板块属性七个方面对比"义利99"与沪深300的利维特征。

（一）行业分布更趋集中

如图6所示，在2018年"义利99"上榜公司中，工业、金融、医药卫生、能源、主要消费和公用事业6个行业的占比高于沪深300；可选消费、原材料、信息技术和地产4个行业的占比低于沪深300；电信业务的占比与沪深300一样，均为2%。

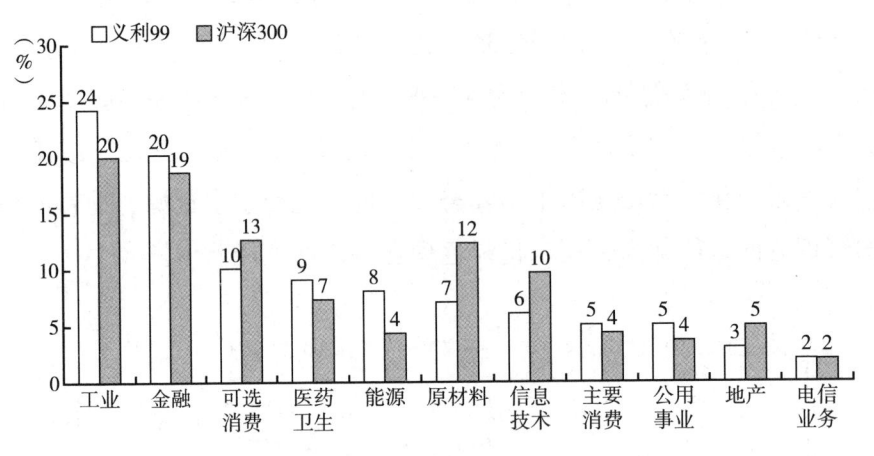

图6 2018年行业分布对比

（二）资产规模相对更大

如图7所示，在"义利99"上榜公司中，总资产在1000亿元以上的占比59%，比沪深300多20个百分点。2017年度，"义利99"上榜公司平均总资产为15462.62亿元，沪深300为6525.31亿元。"义利99"的平均总资产是沪深300的2.37倍。

对比"义利99":沪深300及比较优势

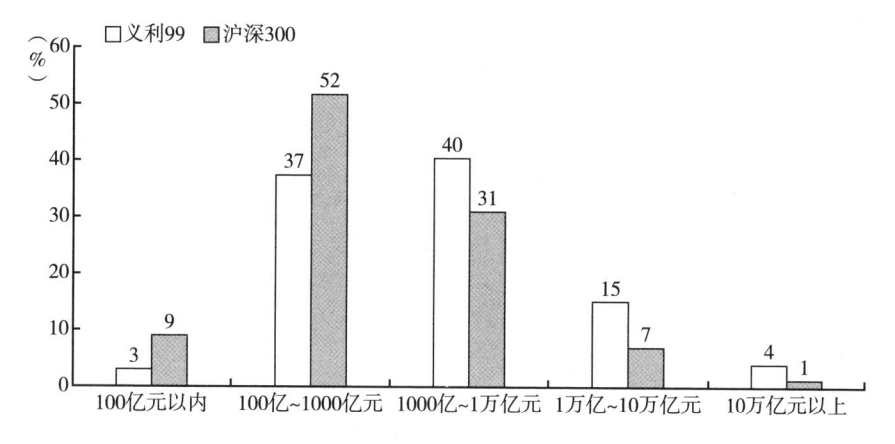

图7 2018年资产规模分布对比

(三)营收规模相对更大

如图8所示,在"义利99"上榜公司中,营收规模在1000亿元以上的占比37%,比沪深300多18个百分点。2017年度,"义利99"上榜公司平均营收为1791.93亿元,沪深300为840.88亿元。"义利99"的平均营收是沪深300的2.13倍。

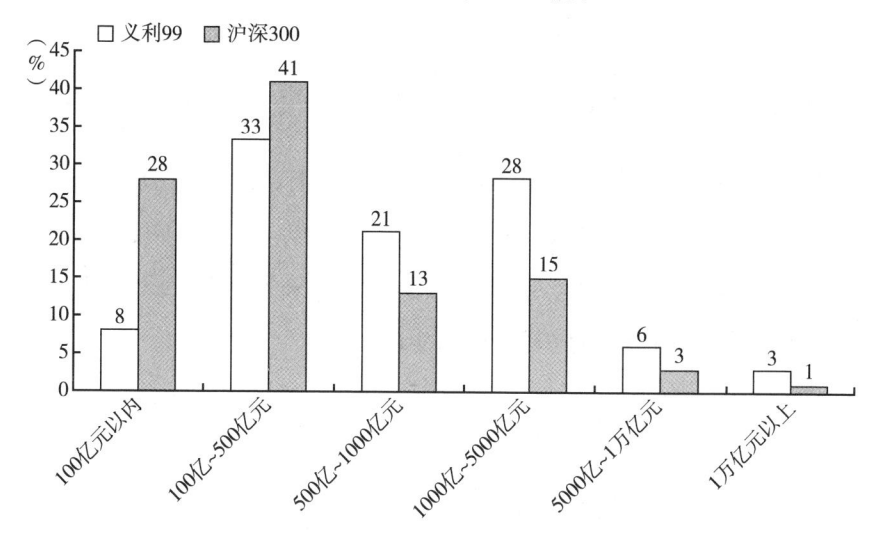

图8 2018年营收规模分布对比

081

（四）纳税总额相对更高

如图9所示，在"义利99"上榜公司中，纳税总额在10亿元以上的占比高达86%，比沪深300多24个百分点。2017年度，"义利99"上榜公司平均纳税总额为176.17亿元，沪深300为75.75亿元。"义利99"的平均纳税总额是沪深300的2.33倍。

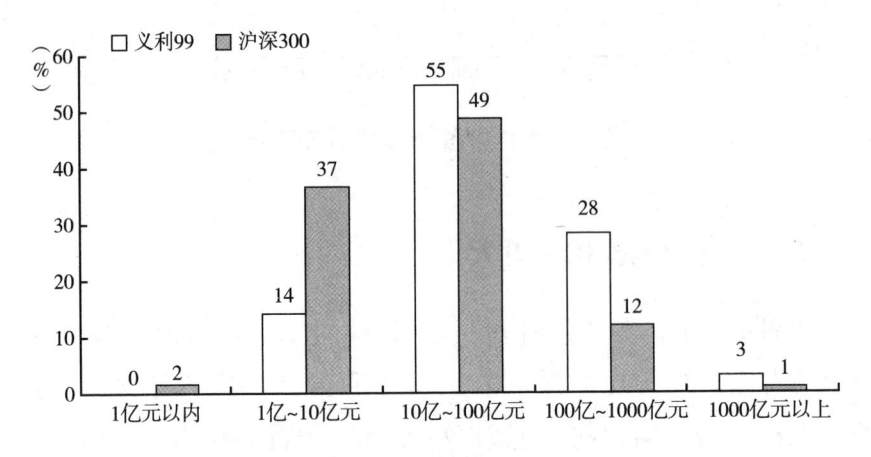

图9　2018年纳税规模分布对比

（五）市值相对更大

如图10所示，在"义利99"上榜公司中，总市值在1000亿元以上的占比53%，比沪深300多28个百分点。2017年度，"义利99"上榜公司平均市值为2195.34亿元，沪深300为1179.22亿元。"义利99"的平均市值是沪深300的1.86倍。

（六）国有企业较多

如图11所示，从所有制结构来看，"义利99"上榜公司中，国有企业占比64%，比沪深300多11个百分点。国有企业现阶段在社

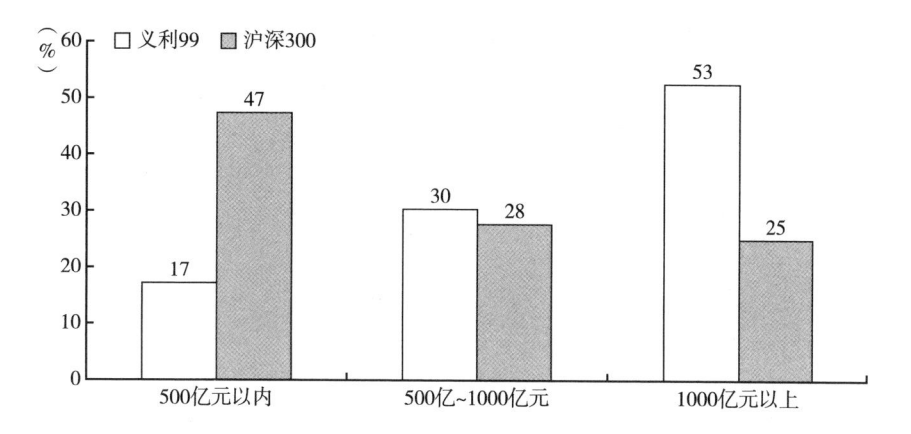

图 10　2018 年市值分布对比

会价值创造方面做出了表率,但不可否认的是民营企业在社会价值创造方面亦不乏佼佼者。

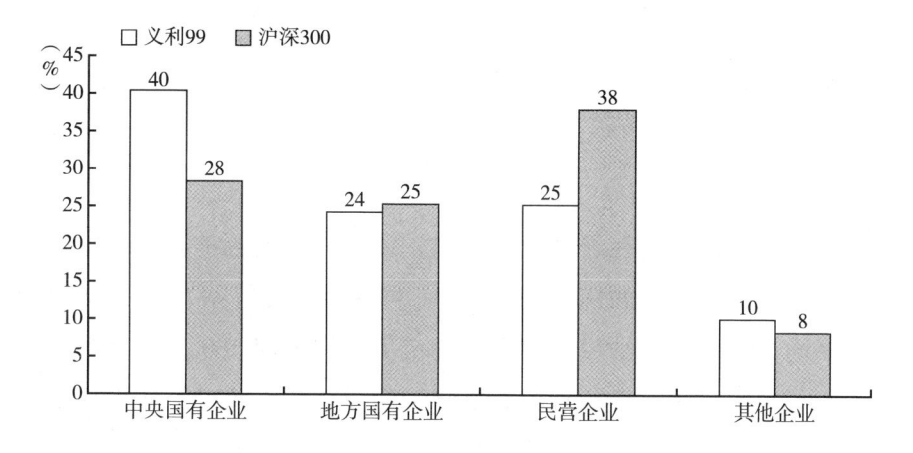

图 11　2018 年所有制分类对比

(七)上交所为主

如图 12 所示,从上市板块来看,"义利 99"上榜公司中来自上交所的占 72%,比沪深 300(62%)多 10 个百分点,对应的来自深交所的上市公司比沪深300少10个百分点。主要的差距来自中小企业板，"义利99"中来自中小企业板的占11%，比沪深300（17%）少6个百分点。

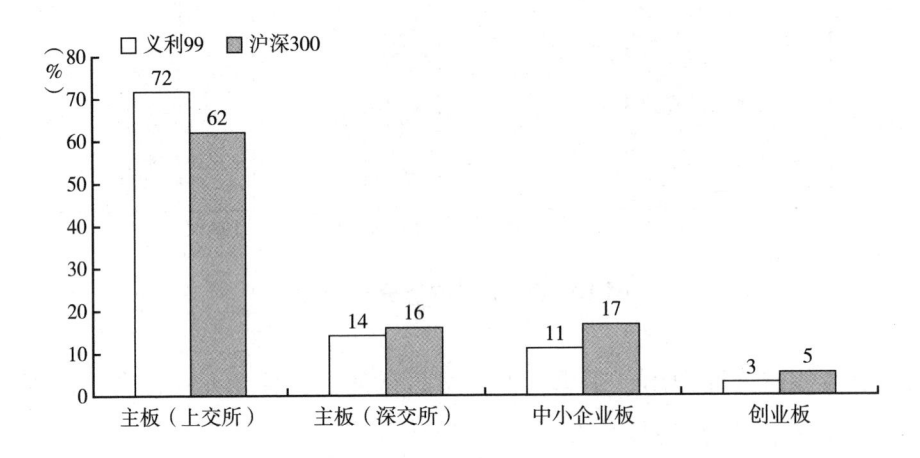

图12　2018年交易场所与上市板块对比

四　小结

分析显示，无论在经济效益方面，还是在社会福祉和环境保护方面，"义利99"都全面优于沪深300。同时，"义利99"的平均总资产、平均营收、平均纳税总额、平均市值均比沪深300高，其中平均总资产、平均营收、平均纳税总额是沪深300的2倍以上，平均市值是沪深300的1.86倍。此外，相对于沪深300，"义利99"中国企较多，上交所上市公司较多。

尽管"义利99"在各项指标中全面超越了沪深300，但我们欣喜的发现，在过去一年中，沪深300在业务驱动、管理创新等指标提升幅度上反超了"义利99"。这表明越来越多的头部上市公司加入到经济、社会、环境这个综合价值创造的洪流中来。

R.4
洞察"义利99"：行业解读与聚焦分析

"义利99"突破了以往同类类比惯例，对上市公司的社会价值进行了跨行业排名。我们认为，无论是从价值内涵还是资本属性来看，社会价值都具有超越行业类别、所有制形式、规模阶段、模式属地等外在差异的本质。

为洞察社会价值在不同行业中的表现差异，为投资决策提供参考，根据社标委专家的建议，基于行业属性和会计制度的差异，我们开发了"评分子模型"的通用版、金融专用版和地产专用版。我们在本部分以沪深300为分析对象，对一级行业进行分析。在本行业分析中，某些结论与经验值有所出入，我们也在检视评估模型指标设置。

一 行业排名

2018年沪深300中，能源、电信业务和工业的社会价值平均得分排前三名，分别为62.75分、62.59分和59.27分；地产、可选消费和信息技术的社会价值平均得分排后三名，分别为52.71分、52.56分和50.67分。所有行业的社会价值平均得分集中在50~63分的区间，从各行业整体状况来看，上市公司在社会价值创造方面仍有较大进步空间。

从目标｜驱动力看，前3强是公用事业、医药卫生和工业；从方式｜创新力看，前3强是电信业务、能源和工业；从效益｜转化力看，前3强是电信业务、能源和主要消费。各行业社会价值的差异并不大。

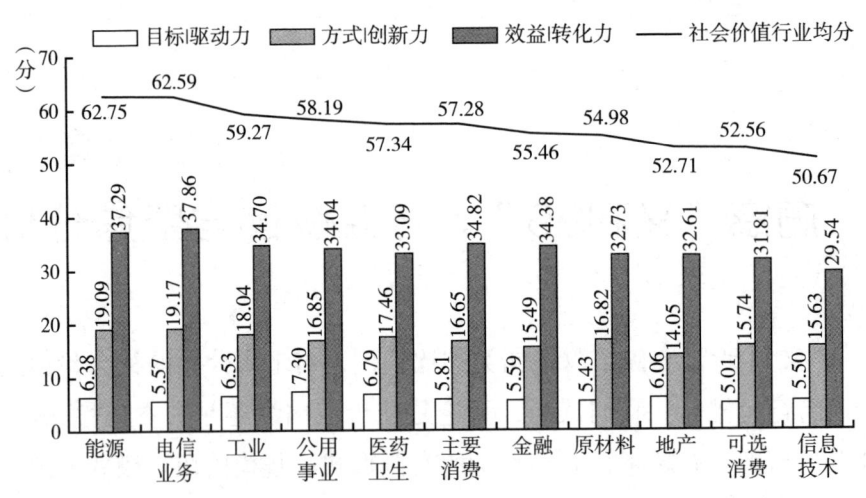

图 1　沪深 300 各行业社会价值平均分与一级指标平均分

二　上榜比率

2018 年，能源上榜率最高，达 62%，社会价值平均得分在所有行业中领先。相比其他行业，能源行业上市公司在义利并举上普遍表现较好；可选消费、信息技术、地产、原材料的上榜率最低，分别为 26%、21%、20%、19%，均低于三分之一。

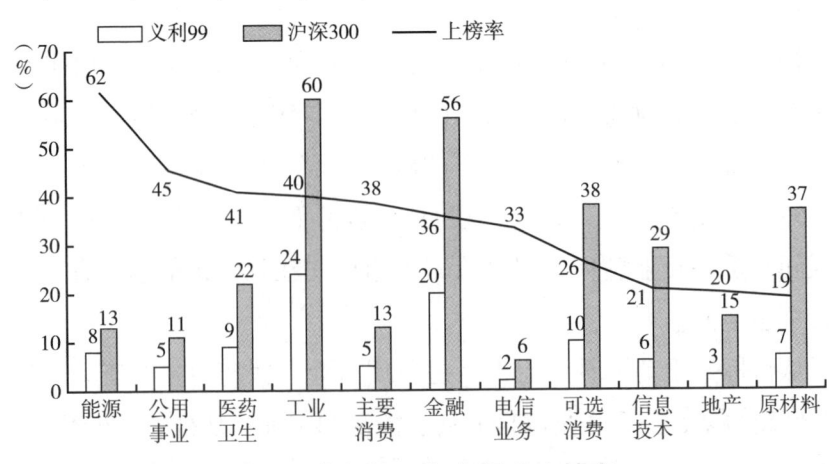

图 2　"义利 99" 各行业上榜率

三 价值贡献

如表1所示，我们从"评估模型"的9个二级指标进行分析，管理创新和业务驱动的得分率普遍较高。在工业、电信业务、金融、可选消费、能源、原材料、主要消费7个行业得分率最高的指标是管理创新；医药卫生、公用事业、地产和信息技术4个行业得分率最高的指标是业务驱动。同时，电信业务、金融和可选消费3个行业业务驱动的得分率仅次于管理创新。沪深300成份股在管理机制方面比较完善，在主营业务定位方面考虑到了义利并举。

技术创新、模式创新、环境贡献的得分率普遍较低。技术创新上，沪深300平均得分率仅为44%，地产行业最低，为28%。模式创新上，得分率最高的是电信业务，为53%，其他行业的得分率均低于50%。环境贡献上，沪深300平均得分率是9个二级指标中最低的，仅为40%。商业模式与产业形态的固化、研发能力与产品创新的薄弱，以及对环境污染的管控投入不足，是上市公司在提升社会价值过程中亟须解决的问题。沪深300成份股在模式创新、技术创新和环境贡献三个方面还有很大的提升空间。

表1 各行业二级指标得分率

单位：%

行业	价值驱动	战略驱动	业务驱动	技术创新	模式创新	管理创新	经济贡献	社会贡献	环境贡献
能源	64	65	63	58	47	77	61	69	57
电信业务	52	46	71	54	53	76	66	69	52
工业	70	59	65	49	47	74	59	68	45

续表

行业	价值驱动	战略驱动	业务驱动	技术创新	模式创新	管理创新	经济贡献	社会贡献	环境贡献
公用事业	73	69	77	51	36	70	60	57	50
医药卫生	64	46	95	53	40	71	60	56	45
主要消费	63	50	59	41	41	72	64	60	45
金融	55	46	68	31	40	70	66	60	37
原材料	55	48	59	48	39	70	58	60	42
地产	68	40	71	28	38	63	69	50	30
可选消费	52	35	62	43	38	66	62	53	36
信息技术	56	40	69	47	42	61	58	51	29

四　聚焦分析

我们选择了沪深300中存量最大的4个行业，分别是工业（60家）、金融（56家）、可选消费（38家）、原材料（37家），以及社会价值平均得分最高的能源行业（13家），共5个行业，聚焦分析其社会价值创造能力。

（一）工业行业

1. 基础信息

中证行业：工业

沪深300存量：60家

市值排名前三：第1名，中国中车；第2名，中国建筑；第3名，顺丰控股

2. 评估亮点

全行业对比排名：价值驱动（第2名）、社会贡献（第3名）、模式创新（第2名）、管理创新（第3名）。

3. 评估暗点

全行业对比排名：业务驱动（第7名）、经济贡献（第9名）。

4. 社会价值评估概要

剔除公司：中国中铁、海航控股、东方园林、渤海金控。

行业社会价值排名前五：第1名，中国建筑；第2名，中国交建；第3名，潍柴动力；第4名，葛洲坝；第5名，中国铁建。

社会价值总得分率：59%

目标丨驱动力得分率：65%

方式丨创新力得分率：60%

效益丨转化力得分率：58%

作为与自然环境息息相关的行业，工业行业应当进一步改革创新，加强污染防控与环境管理。

5. 经济贡献（利维）

整体来看，工业行业规模较大，股息率较高。

表2 工业行业经济贡献

评估对象	数量（家）	营业收入（亿元）	净利润（亿元）	纳税总额（亿元）	总市值（亿元）	股息率（%）	市盈率（倍）
工业（上榜公司）	24	1662.42	83.50	75.30	1091.63	1.58	22.72
工业（未上榜公司）	36	567.86	24.43	2.00	490.39	1.18	36.03
工业	60	1005.69	48.06	31.32	730.89	1.34	30.71
沪深300	300	840.88	94.74	75.75	1170.92	1.59	36.11

6. 社会与环境贡献（义维）

在社会贡献方面，全部指标得分率都高于沪深300，客户价值高出 14.14 个百分点；环境贡献方面，污染防控高出 7.74 个百分点，环境管理高出 5.34 个百分点，绿色发展基本持平。

表3　工业行业社会与环境贡献

评估对象	数量(家)	客户价值(%)	员工权益(%)	安全运营(%)	合作伙伴(%)	公益贡献(%)	环境管理(%)	绿色发展(%)	污染防控(%)
工业(上榜公司)	24	82.64	77.50	95.37	70.83	72.22	58.23	45.83	62.50
工业(未上榜公司)	36	63.89	53.70	80.25	37.65	61.11	48.41	19.21	38.43
工业	60	71.39	63.22	86.30	50.93	65.55	52.34	29.86	48.06
沪深300	300	57.25	53.36	77.11	46.74	59.56	47.00	29.56	40.32

7. 二级指标评分对标

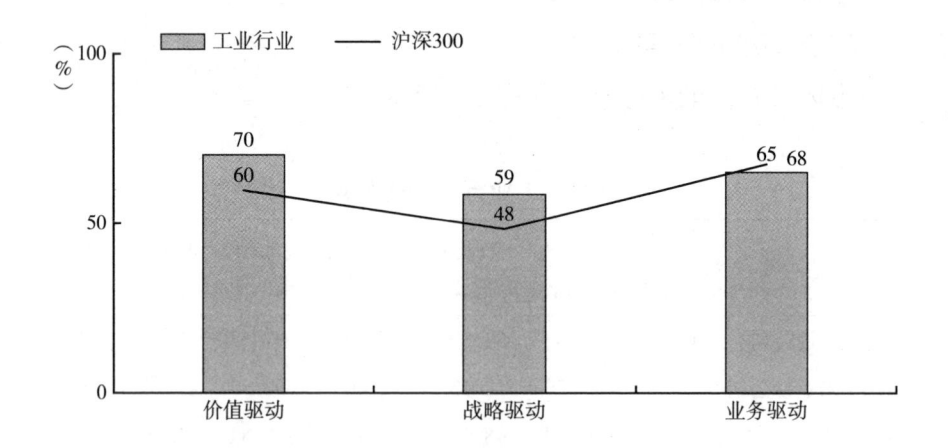

图3　目标Ⅰ驱动力总得分率为65%

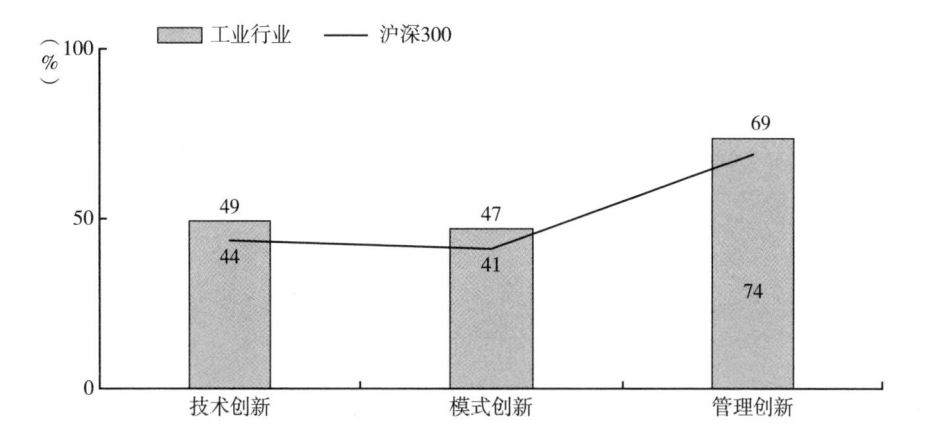

图 4　方式 | 创新力总得分率为 60%

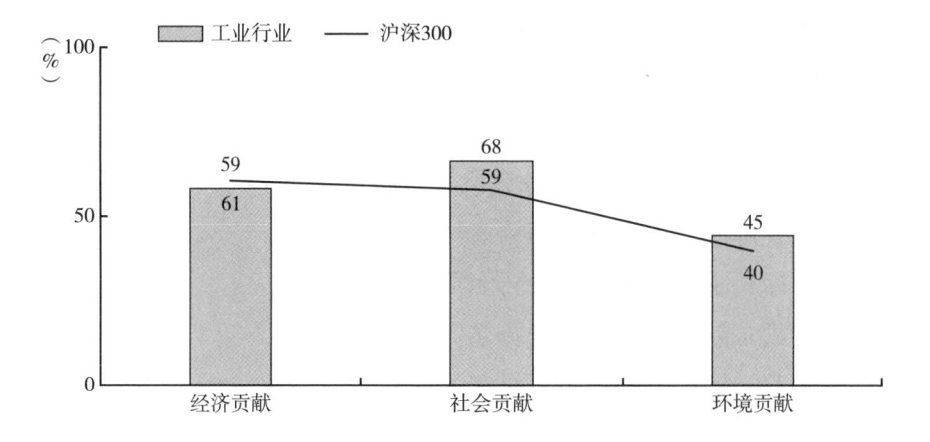

图 5　效益 | 转化力总得分率为 58%

8. 数据完备度

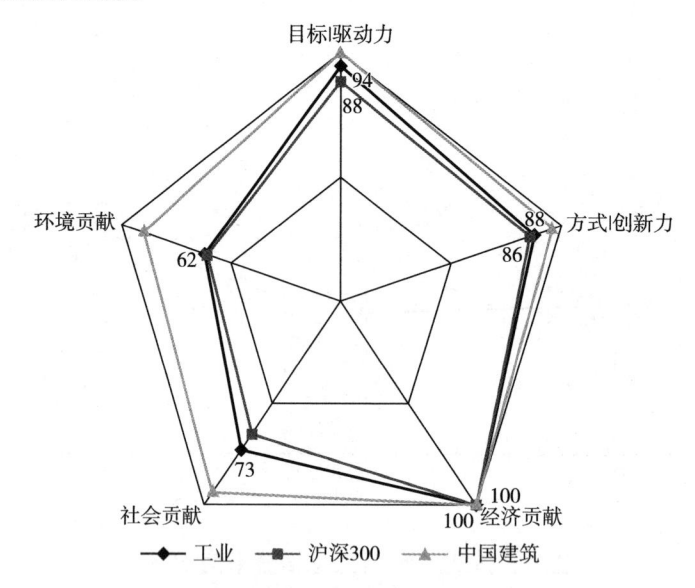

图6 工业行业数据完备度对标（单位:%）

9. 2018年工业行业概要（数量：60家）

—4 家公司被筛选子模型剔除。

—24 家公司上榜"义利99"。

—53 家公司发布独立的社会责任报告。

—社会价值平均得分排名第3。

—目标｜驱动力平均得分排名第3。

—方式｜创新力平均得分排名第3。

—效益｜转化力平均得分排名第4。

—数据完备度83%，比沪深300高3个百分点。

（二）金融行业

1. 基础信息

中证行业：金融

沪深300存量：56家

市值排名前三：第 1 名，民生银行；第 2 名，中信银行；第 3 名，平安银行

2. 评估亮点

全行业对比排名：经济贡献（第 2 名）

3. 评估暗点

全行业对比排名：价值驱动（第 9 名）、战略驱动（第 9 名）、技术创新（第 10 名）

4. 社会价值评估概要

剔除公司：方正证券、中国银河、中国人寿、兴业银行、招商银行、浦发银行、国信证券

行业社会价值前五：第 1 名，农业银行；第 2 名，中国银行；第 3 名，建设银行；第 4 名，华泰证券；第 5 名，中信银行。

社会价值总得分率：55%

目标丨驱动力得分率：56%

方式丨创新力得分率：52%

效益丨转化力得分率：57%

金融行业创新力得分率较低，转化力与驱动力表现良好，应着眼于在已有基础上加强创新，进一步优化盈利模式。

5. 经济贡献（利维）

整体来看，金融行业规模较大，股息率较高。

表4　金融行业经济贡献

评估对象	数量（家）	营业收入（亿元）	净利润（亿元）	纳税总额（亿元）	总市值（亿元）	股息率（%）	市盈率（倍）
金融（上榜公司）	20	2276.77	674.46	287.61	5024.49	2.85	11.76
金融（未上榜公司）	36	461.49	89.59	42.82	1167.27	1.40	27.18
金融	56	1109.80	298.47	130.24	2544.85	1.92	21.68
沪深300	300	840.88	94.74	75.75	1170.92	1.59	36.11

6. 社会与环境贡献（义维）

在社会贡献方面，客户价值大幅度低于沪深300，低24.76个百分点；合作伙伴、公益贡献大幅度高于沪深300；环境贡献方面，环境管理比沪深300低17.83个百分点，绿色发展大幅度高于沪深300。

表5 金融行业社会与环境贡献

评估对象	数量（家）	客户价值（%）	员工权益（%）	安全运营（%）	合作伙伴（%）	公益贡献（%）	环境管理（%）	绿色发展（%）	污染防控（%）
		社会贡献（得分率）					环境贡献（得分率）		
金融（上榜公司）	20	44.86	68.00	74.44	77.78	80.83	46.25	76.67	65.19
金融（未上榜公司）	36	25.62	47.96	74.07	57.41	74.07	19.68	44.44	22.94
金融	56	32.49	55.12	74.21	64.68	76.49	29.17	55.95	38.03
沪深300	300	57.25	53.36	77.11	46.74	59.56	47.00	29.56	40.32

7. 二级指标评分对标

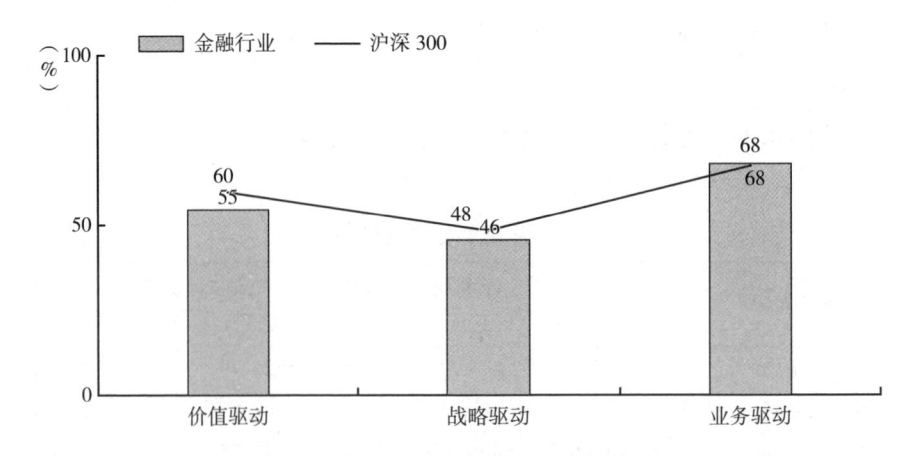

图7 目标Ⅰ驱动力总得分率为56%

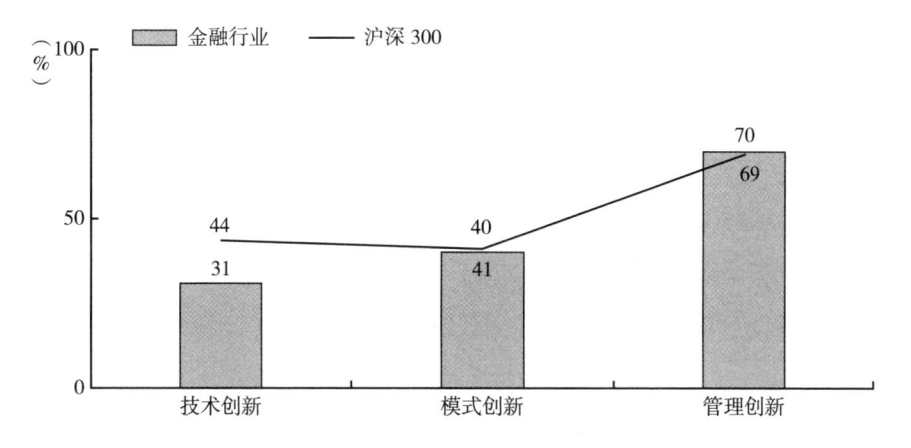

```
(%)100
          金融行业      沪深300

 50                                           70
                                              69
              44           40
              31           41
  0
           技术创新      模式创新       管理创新
```

图8　方式丨创新力总得分率为 52%

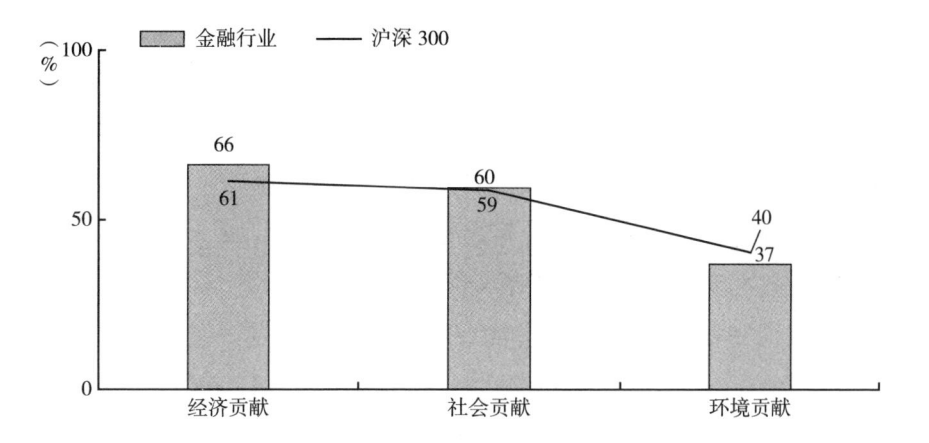

```
(%)100
          金融行业      沪深300

           66
           61           60
 50                     59
                                              40
                                              37
  0
           经济贡献      社会贡献       环境贡献
```

图9　效益丨转化力总得分率为 57%

8. 数据完备度

详见图10。

9. 2018年金融行业概要（数量：56家）

——7家公司被筛选子模型剔除。

——20家公司上榜"义利99"。

——55家公司独立发布社会责任报告。

——社会价值平均得分排名第6。

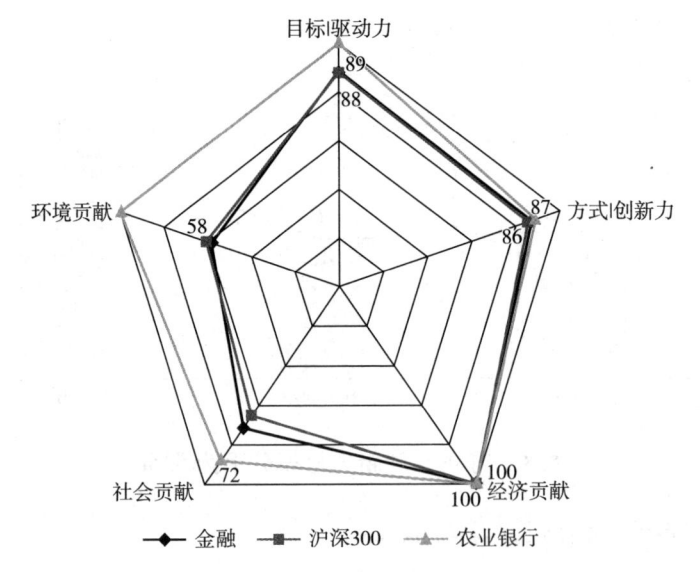

图 10 金融行业数据完备度对标（单位：%）

——目标|驱动力平均得分排名第 7。

——方式|创新力平均得分排名第 10。

——效益|转化力平均得分排名第 5。

——数据完备度 83%，比沪深 300 高 3 个百分点。

（三）可选消费行业

1. 基础信息

中证行业：可选消费

沪深 300 存量：38 家

市值排名前三：第 1 名，上汽集团；第 2 名，美的集团；第 3 名，格力电器

2. 评估亮点

全行业对比排名：经济贡献（第 5 名）

3. 评估暗点

全行业对比排名：价值驱动（第 10 名）、战略驱动（第 11 名）、

模式创新（第9名）、管理创新（第9名）

4. 社会价值评估概要

剔除公司：南京新百、万达电影

行业社会价值前五：第1名，上汽集团；第2名，青岛海尔；第3名，广汽集团；第4名，TCL集团；第5名，长安汽车。

社会价值总得分率：53%

目标 | 驱动力得分率：51%

方式 | 创新力得分率：52%

效益 | 转化力得分率：53%

可选消费的社会价值平均得分率较低，主要体现在创新力与转化力等方面，该行业需要改进方式与加强效益的转化。

5. 经济贡献（利维）

整体来看，可选消费行业规模较小，股息率较高。

表6 可选消费行业经济贡献

评估对象	数量（家）	营业收入（亿元）	净利润（亿元）	纳税总额（亿元）	总市值（亿元）	股息率（%）	市盈率（倍）
可选消费（上榜公司）	10	1958.27	115.43	84.22	1512.61	2.25	22.71
可选消费（未上榜公司）	28	263.09	28.24	19.18	569.98	1.55	43.63
可选消费	38	709.19	51.18	36.30	818.04	1.74	38.13
沪深300	300	840.88	94.74	75.75	1170.92	1.59	36.11

6. 社会与环境贡献（义维）

在社会贡献方面，可选消费行业全部指标得分率都低于沪深300，特别是员工权益比沪深300低9.32个百分点；在环境贡献方面，除了环境管理外，绿色发展、污染防控也均低于沪深300，特别在绿色发展方面，比沪深300低14.43个百分点。

表 7　可选消费行业社会与环境贡献

评估对象	数量（家）	社会贡献（得分率）					环境贡献（得分率）		
		客户价值（%）	员工权益（%）	安全运营（%）	合作伙伴（%）	公益贡献（%）	环境管理（%）	绿色发展（%）	污染防控（%）
可选消费（上榜公司）	10	78.61	66.67	80.00	72.22	66.67	67.62	34.17	68.33
可选消费（未上榜公司）	28	46.43	35.95	67.46	33.73	40.48	41.16	8.33	17.26
可选消费	38	54.90	44.04	70.76	43.86	47.37	48.12	15.13	30.70
沪深300	300	57.25	53.36	77.11	46.74	59.56	47.00	29.56	40.32

7. 二级指标评分对标

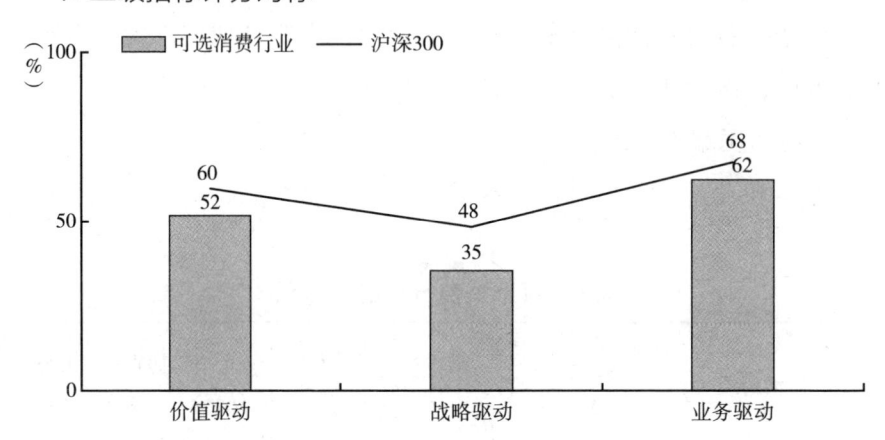

图 11　目标｜驱动力总得分率为 **51%**

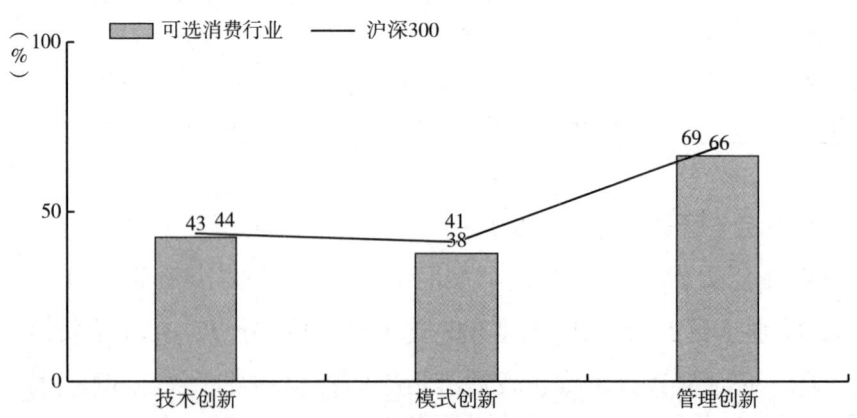

价值驱动：52（可选消费行业）／60（沪深300）
战略驱动：35／48
业务驱动：68／62

图 12　方式｜创新力总得分率为 **52%**

技术创新：43／44
模式创新：38／41
管理创新：69／66

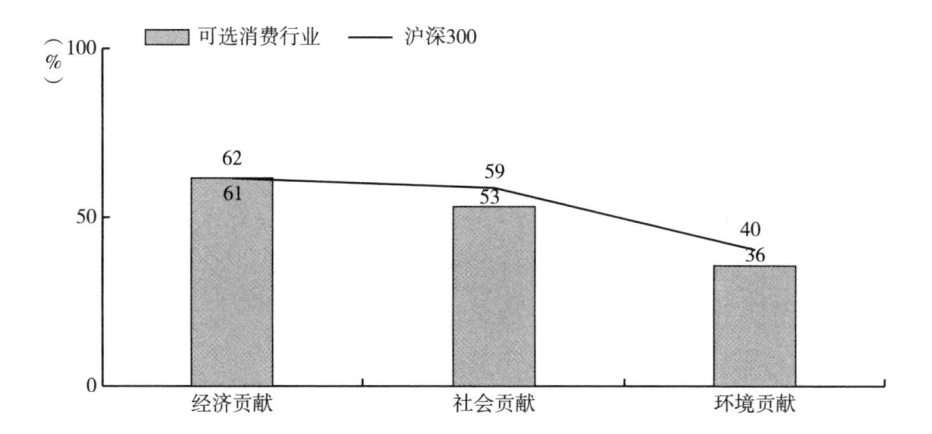

图 13　效益丨转化力总得分率为 53%

8. 数据完备度

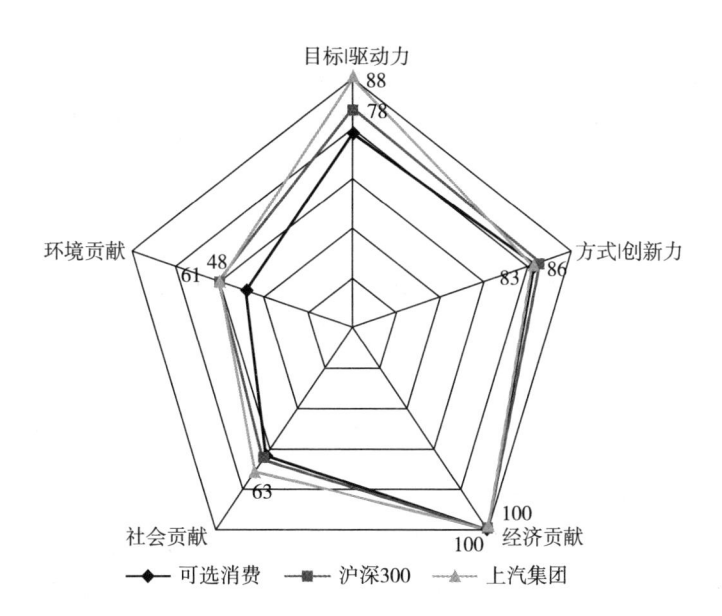

图 14　可选消费行业数据完备度对标（单位:%）

9. 2018年可选消费行业概要（数量：38家）

—2家公司被筛选子模型剔除。

—10家公司上榜"义利99"。

—27家公司发布独立的社会责任报告。

—社会价值平均得分排名第10。

—目标丨驱动力平均得分排名第11。

—方式丨创新力平均得分排名第8。

—效益丨转化力平均得分排名第10。

—数据完备度75%，比沪深300低5个百分点。

（四）原材料行业

1. 基础信息

中证行业：原材料

沪深300存量：37家

市值排名前三：第1名，宝钢股份；第2名，海螺水泥；第3名，洛阳钼业

2. 评估亮点

全行业对比排名：技术创新（第6名）、社会贡献（第4名）、战略驱动（第5名）

3. 评估暗点

全行业对比排名：业务驱动（第11名）、经济贡献（第11名）

4. 社会价值评估概要

剔除公司：中国铝业、万华化学、金正大、康德新、君正集团

行业社会价值前五：第1名，龙蟒佰利；第2名，紫金矿业；第3名，宝钢股份；第4名，海螺水泥；第5名，华友钴业。

社会价值总得分率：55%

目标丨驱动力得分率：54%

方式 | 创新力得分率：56%

效益 | 转化力得分率：55%

原材料行业进入"义利99"的企业数量较少，重点需要强化业务驱动，使经济贡献有所提高，同时应注重环境贡献方面。

5.经济贡献（利维）

整体来看，原材料行业规模较小。

表8 原材料行业经济贡献

评估对象	数量（家）	营业收入（亿元）	净利润（亿元）	纳税总额（亿元）	总市值（亿元）	股息率（%）	市盈率（倍）
原材料（上榜公司）	7	728.56	70.52	46.47	904.12	2.89	24.61
原材料（未上榜公司）	30	440.76	21.29	16.64	526.80	1.18	48.28
原材料	37	495.21	30.61	22.29	598.19	1.50	43.80
沪深300	300	840.88	94.74	75.75	1170.92	1.59	36.11

6.社会与环境贡献（义维）

在社会贡献方面，安全运营大幅度高于沪深300，环境贡献方面，绿色发展比沪深300低7.16个百分点。

表9 原材料行业社会与环境贡献

评估对象	数量（家）	社会贡献（得分率）						环境贡献（得分率）		
		客户价值（%）	员工权益（%）	安全运营（%）	合作伙伴（%）	公益贡献（%）	环境管理（%）	绿色发展（%）	污染防控（%）
原材料（上榜公司）	7	92.86	79.05	96.83	69.84	69.05	66.33	45.24	61.90
原材料（未上榜公司）	30	58.70	47.78	91.48	26.67	41.11	49.84	15.00	38.89
原材料	37	65.17	54.17	92.71	36.81	48.96	52.01	22.40	43.75
沪深300	300	57.25	53.36	77.11	46.74	59.56	47.00	29.56	40.32

7. 二级指标评分对标

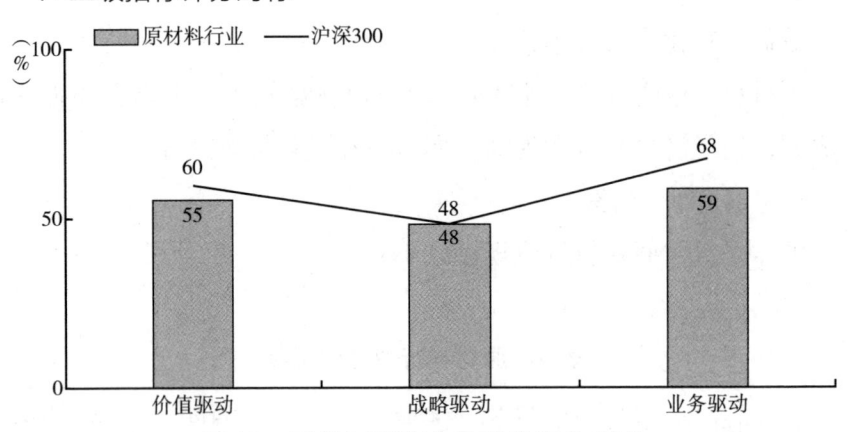

图15 目标 | 驱动力总得分率为 54%
（原材料行业 价值驱动 55，战略驱动 48，业务驱动 59；沪深300 60、48、68）

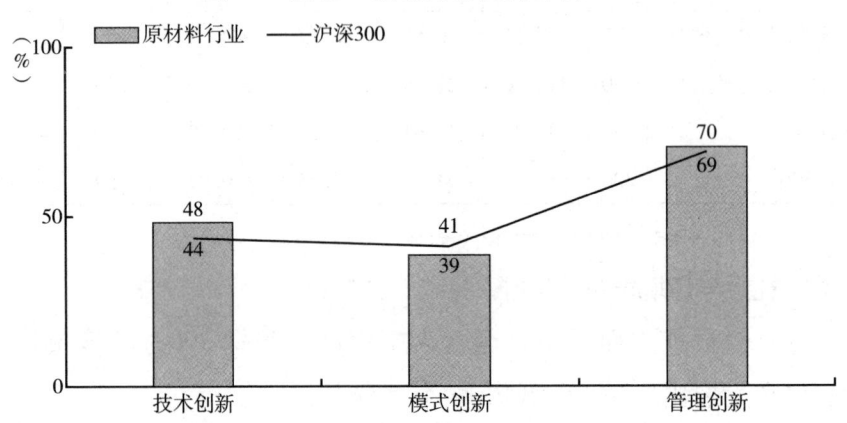

图16 方式 | 创新力总得分率为 56%
（原材料行业 技术创新 48，模式创新 39，管理创新 70；沪深300 44、41、69）

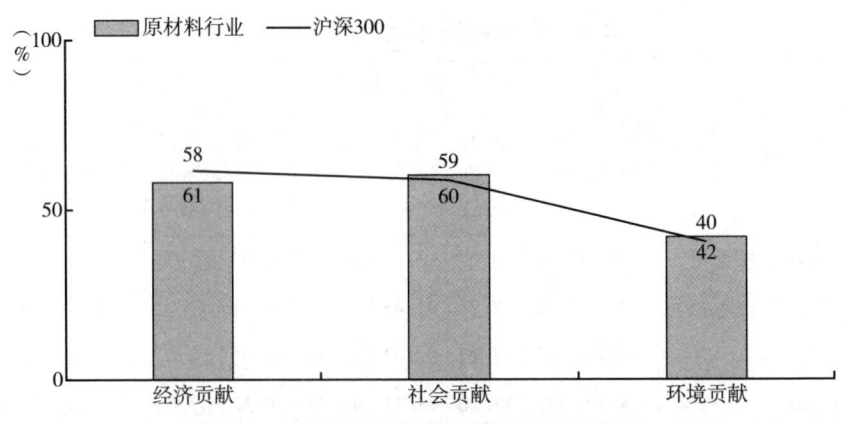

图17 效益 | 转化力总得分率为 55%
（原材料行业 经济贡献 58，社会贡献 59，环境贡献 42；沪深300 61、60、40）

8. 数据完备度

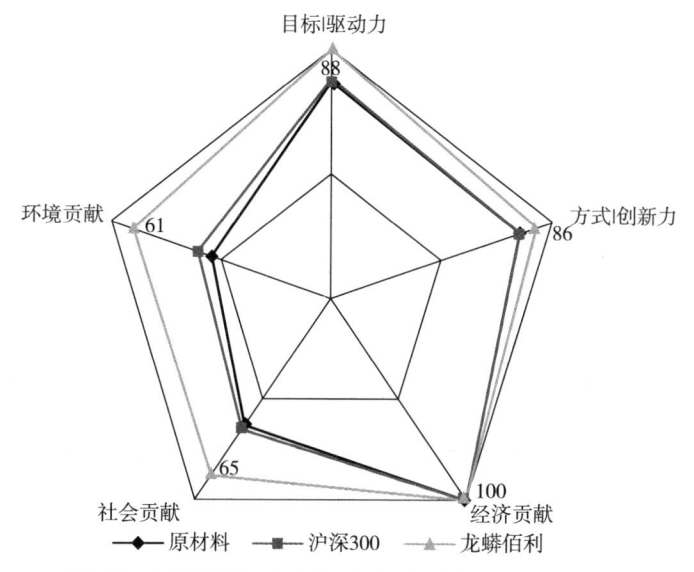

图18 原材料行业数据完备度对标（单位:%）

9. 2018年原材料行业概要（数量：37家）

—5家公司被筛选子模型剔除。

—7家公司上榜"义利99"。

—28家公司发布独立的社会责任报告。

—社会价值平均得分排名第7。

—目标｜驱动力平均得分排名第10。

—方式｜创新力平均得分排名第6。

—效益｜转化力平均得分排名第8。

—数据完备度78%，比沪深300低2个百分点。

（五）能源行业

1. 基础信息

中证行业：能源

沪深300存量：13家

市值排名前三：第1名，中国石油；第2名，中国石化；第3名，中国神华

2. 评估亮点

全行业对比排名：技术创新（第1名）、管理创新（第1名）、社会贡献（第1名）、环境贡献（第1名）

3. 评估暗点

全行业对比排名：业务驱动（第8名）

4. 社会价值评估概要

剔除公司：永泰能源（连续停牌）、美锦能源（连续停牌）

行业社会价值前五：第1名，中国神华；第2名，上海石化；第3名，中国石化；第4名，兖州煤业；第5名，中国石油。

社会价值总得分率：63%

目标｜驱动力得分率：64%

方式｜创新力得分率：63%

效益｜转化力得分率：62%

尽管能源行业环境贡献指标的得分率（57%）在全行业中最高。作为与自然环境息息相关的行业，能源行业在利用和保护自然资源方面的表现优于其他行业，但从绝对得分率来看，上市公司在保护生态环境、污染防控方面仍需努力。

5. 经济贡献（利维）

整体来看，能源行业规模较大，股息率较高。

表10 能源行业经济贡献

评估对象	数量（家）	营业收入（亿元）	净利润（亿元）	纳税总额（亿元）	总市值（亿元）	股息率（%）	市盈率（倍）
能源（上榜公司）	8	6271.95	244.24	893.43	3574.68	3.55	20.12
能源（未上榜公司）	5	257.80	10.19	21.18	323.13	0.37	36.08
能源	13	3958.81	154.22	557.95	2324.09	2.33	26.77
沪深300	300	840.88	94.74	75.75	1170.92	1.59	36.11

6. 社会与环境贡献（义维）

在社会贡献方面，全部指标都高于沪深 300，特别是在员工权益，比沪深 300 高出 11.77 个百分点；在环境贡献方面，也均优于沪深 300，特别在污染防控方面，比沪深 300 高出 21.22 个百分点。

表 11　能源行业社会与环境贡献

评估对象	数量（家）	客户价值（%）	员工权益（%）	安全运营（%）	合作伙伴（%）	公益贡献（%）	环境管理（%）	绿色发展（%）	污染防控（%）
		社会贡献（得分率）					环境贡献（得分率）		
能源（上榜公司）	8	72.57	80.83	83.33	69.44	77.08	62.80	53.13	79.17
能源（未上榜公司）	5	43.33	40.00	71.11	13.33	40.00	57.14	15.00	33.33
能源	13	61.32	65.13	78.63	47.86	62.82	60.62	38.46	61.54
沪深 300	300	57.25	53.36	77.11	46.74	59.56	47.00	29.56	40.32

7. 二级指标评分对标

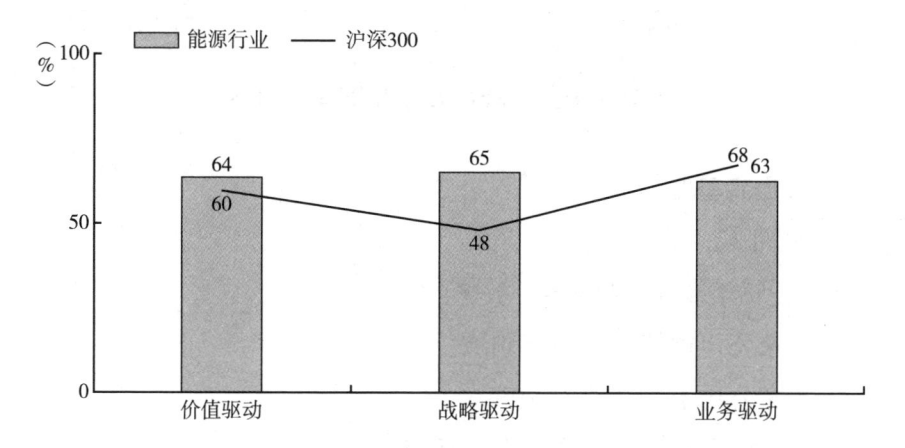

图 19　目标 I 驱动力总得分率为 64%

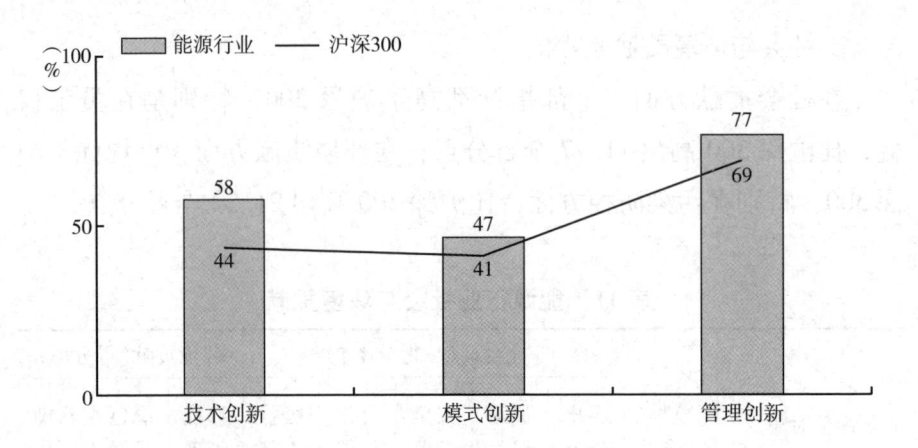

图 20　方式 | 创新力总得分率为 **63%**

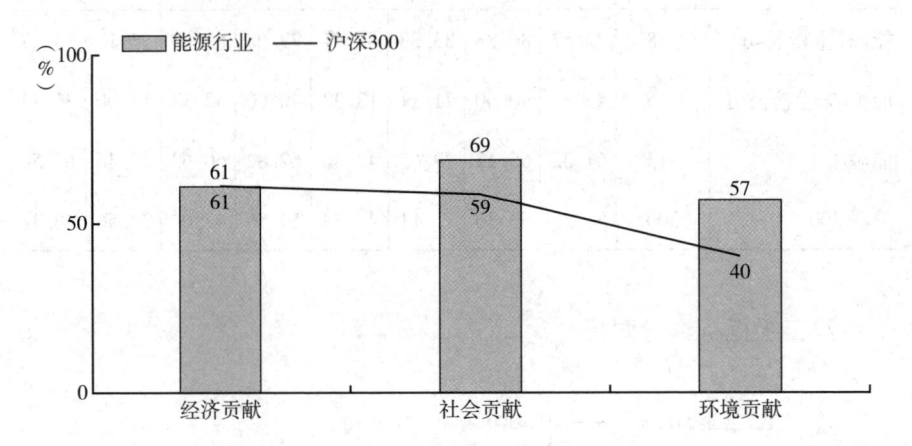

图 21　效益 | 转化力总得分率为 **62%**

8. 数据完备度

详见图22。

9. 2018年能源行业概要（数量：13家）

—2家公司被筛选子模型剔除。

—8家公司上榜"义利99"。

—9家公司发布独立的社会责任报告。

—社会价值平均得分排名第1。

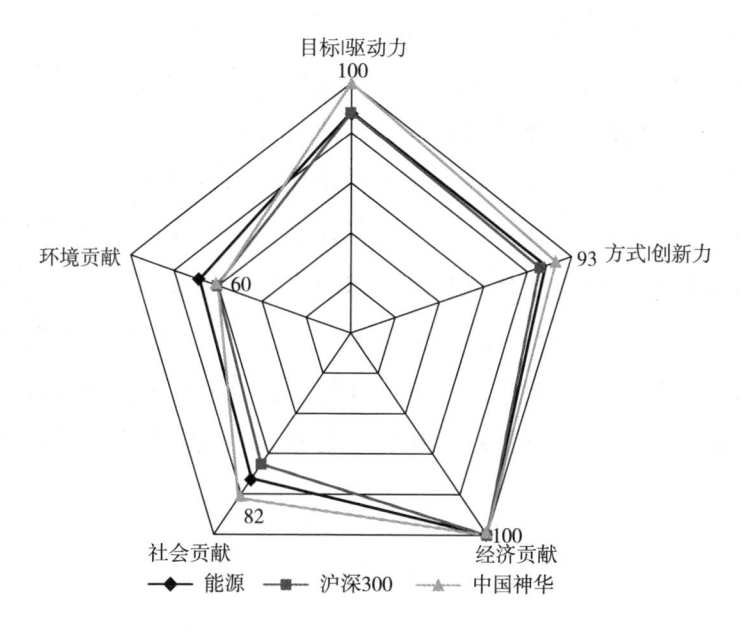

图22 能源行业数据完备度对标（单位：%）

—目标丨驱动力平均得分排名第4。
—方式丨创新力平均得分排名第2。
—效益丨转化力平均得分排名第2。
—数据完备度82%，比沪深300高2个百分点。

五 小结

以上行业分析显示，沪深300行业类别的社会价值呈现出三大特点。首先，各行业的社会价值的平均分均在50~63分，即沪深300各行业群体社会价值较为均衡，但均有较大的提升空间。其次，在各行业内部，"义利99"上榜公司与非上榜公司在经济、社会、环境各方面表现差异显著，说明同行业中不同的上市公司主体的社会价值创造能力有较大差别。最后，在技术与模式创新等方面，出现了全行业得分偏低的状况，尤其是地产及金融行业创新能力更为薄弱。这说明在互联网新经济蓬勃发展的同时，成熟行业的创新能力亟待提高。

我们也洞察到，能源行业社会价值得分居全行业榜首，甚至在环境贡献方面也具有较大优势，这与传统认知出现较大差异。一方面说明中国的能源行业在客户价值、员工权益、安全运营、合作伙伴、公益贡献等社会领域以及环境管理、绿色发展、污染防控等生态保护方面与其他行业相比均有相对优势。另一方面，我们将继续以能源行业为目标群体进行追踪研究，反向验证社会价值评估模型的评估有效性，并论证建立能源行业专用版社会价值评估模型的必要性及可行性。

R.5
观测"义利99":指数编制与追踪对比

作为一项有社会价值主张的创新实验,为探求义利并举与资源配置的相互关系及动态发展,我们编制了义利99指数(编制方法详见附录八),并于2018年11月6日在Wind金融终端上发布。

一 义利99指数

作为全球第一只社会价值主题指数,义利99指数是以"义利99"上榜公司为样本股的全收益指数,以自由流通市值分级靠档为加权方式,以2013年12月16日为基期,基点为1000点。截至2018

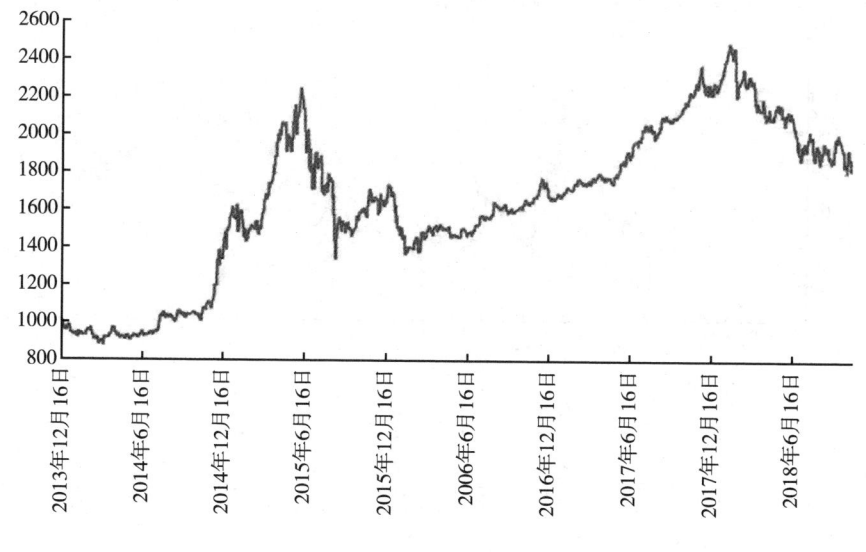

图1 义利99指数

109

年10月31日,义利99指数点位为1860.34点。在58个月的回测期内,指数整体呈持续攀升趋势,2018年1月23日出现最高点位2492.75点。

二 走势对比

按照资本市场分析方法,我们从基准对比、横向对比、内部对比和评估模型解构四个维度进行了指数的走势对比。

(一)基准对比

义利99指数为全收益指数,因此将沪深300全收益指数作为业绩比较基准。从基期到2015年6月12日,义利99指数与沪深300(全收益)的走势基本一致。2015年6月12日之后,义利99指数的累计涨幅一直高于沪深300(全收益),在2018年2月6日差距最大,高达50.48个百分点;此后,义利99指数与沪深300(全收益)

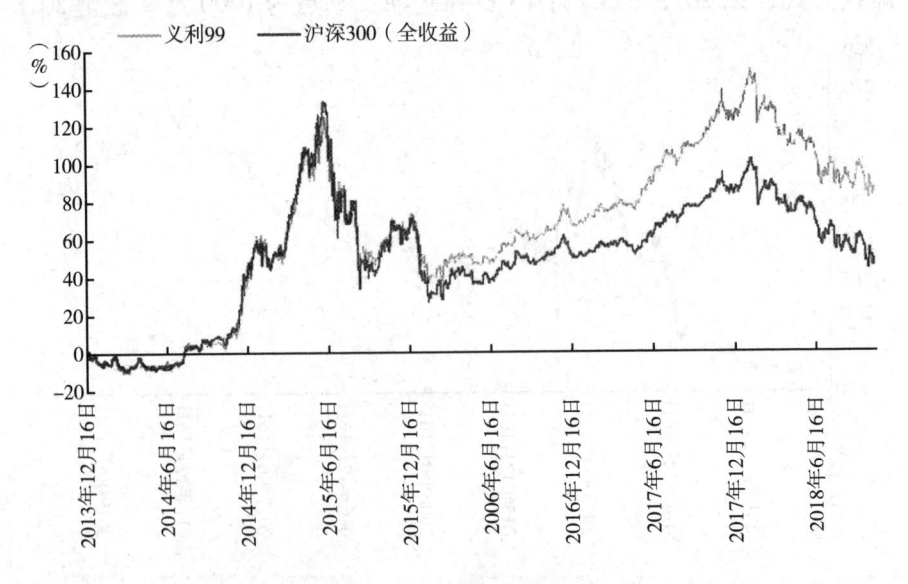

图2 义利99指数基准对比

的累计涨幅的差距保持在 35 个百分点左右。如图 2 所示，截至 2018 年 10 月 31 日，义利 99 指数的累计涨幅达 86.03%，同期沪深 300（全收益）的累计涨幅为 48.26%，义利 99 指数的累计涨幅比沪深 300 高 37.77 个百分点。

从基期至 2018 年 10 月 31 日，义利 99 指数最大回撤率比沪深 300（全收益）低 6 个百分点，年化收益率高 7 个百分点，年化波动率低 1 个百分点，夏普比率高 0.2。从回测结果看，义利 99 比沪深 300（全收益）收益高、风险小。

表 1　义利 99 指数与沪深 300（全收益）风险收益对比

指标	最大回撤率(%)	年化收益率(%)	年化波动率(%)	夏普比率
义利 99	-40.46	18.18	23.67	0.62
沪深 300（全收益）	-46.06	11.30	24.42	0.42

在回测期的 19 个季度中，有 15 个季度义利 99 指数的涨幅高于沪深 300（全收益），占季度总数的 78.95%。有 4 个季度义利 99 指数的涨幅低于沪深 300（全收益），分别是 2014 年三季度、2015 年一季度及四季度、2018 年一季度。2014 年四季度，沪深 300（全收益）的季度涨幅与义利 99 指数的差距最大，达 5.82 个百分点。2015 年一季度，义利 99 指数的季度涨幅比沪深 300 低 4.16 个百分点。

表 2　义利 99 指数与沪深 300（全收益）季度涨幅

单位：%

年份	季度	义利 99 涨幅	沪深 300（全收益）涨幅	差值
2014	1	-6.81	-7.87	1.06
	2	2.34	2.16	0.18
	3	10.98	14.83	-3.85
	4	50.02	44.20	5.82

续表

年份	季度	义利99涨幅	沪深300(全收益)涨幅	差值
2015	1	10.51	14.67	-4.16
	2	11.90	11.12	0.78
	3	-23.27	-27.79	4.52
	4	14.23	16.52	-2.29
2016	1	-11.01	-13.72	2.71
	2	-0.48	-1.09	0.61
	3	6.98	4.49	2.49
	4	4.03	1.76	2.27
2017	1	6.49	4.44	2.06
	2	11.88	6.99	4.89
	3	6.17	5.83	0.34
	4	7.37	5.08	2.29
2018	1	-3.96	-3.27	-0.70
	2	-8.91	-9.05	0.14
	3	1.76	-0.91	2.67

（二）横向对比

除了沪深300（全收益）之外，在58个月的回测期间，义利99指数还跑赢了上证50、沪深300、中证800、上证综指、创业板指和深证成指等A股主流指数，且累计涨幅的差距不断拉大，如图3所示。

截至2018年10月31日，义利99指数累计涨幅达86.03%，同期上证50为52.96%、沪深300为33.19%、中证800为27.01%、上证综指为20.45%、创业板指为-0.34%、深证成指为-9.55%。"义利99"累计涨幅分别比上证50、沪深300、中证800、上证综指、创业板指、深证成指高出33.07个、52.84个、59.02个、65.58个、86.37个、95.58个百分点。

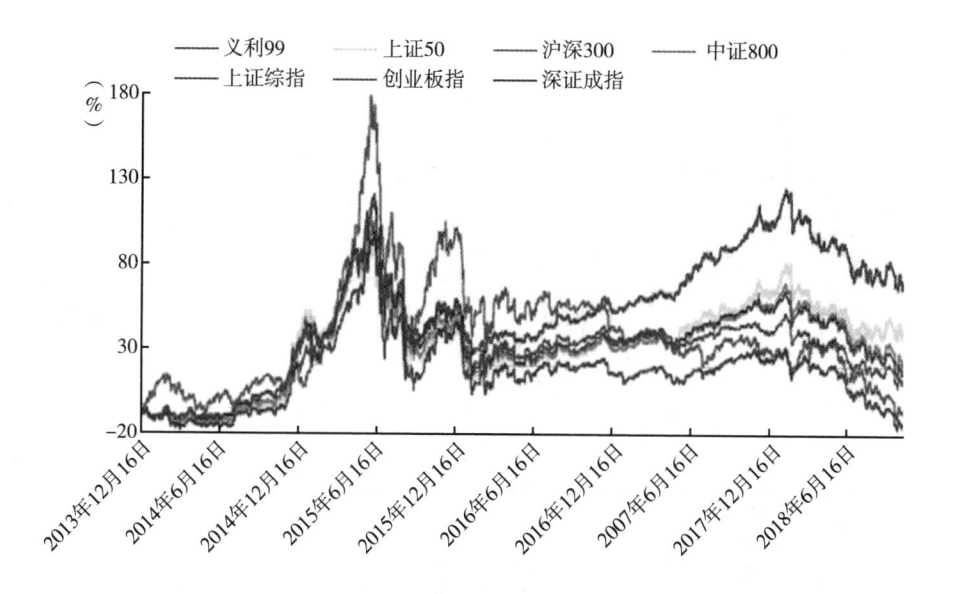

图3 义利99指数横向对比

指数的横向对比结果在一定程度上验证了"评估模型"有着较强的价值发现能力。我们也观察到，2013~2016年，市场表现最好的是创业板指。自2016年以来，投资者不再仅仅关注上市公司的经济效益或财务表现，也开始青睐于那些在社会福祉和环境保护方面有所贡献的上市公司。

（三）内部对比

如前所述，我们按社会价值评分将300家公司分为三组，按照自由流通市值分级靠档加权的方式再增加编制"中间99"与"倒数99"两只模拟指数。截至2018年10月31日，义利99指数累计涨幅达86.03%，"中间99"为25.73%，"倒数99"为15.66%。2013年12月至2016年1月，3只指数的走势区分不明显，互有优劣；2016年2月以来，义利99指数与"中间99""倒数99"拉开差距，且差距越来越大，3只指数的单调性稳定，区分度显著。这进一步说明"评估模型"的有效性,其评估结果能够被资本市场实证。

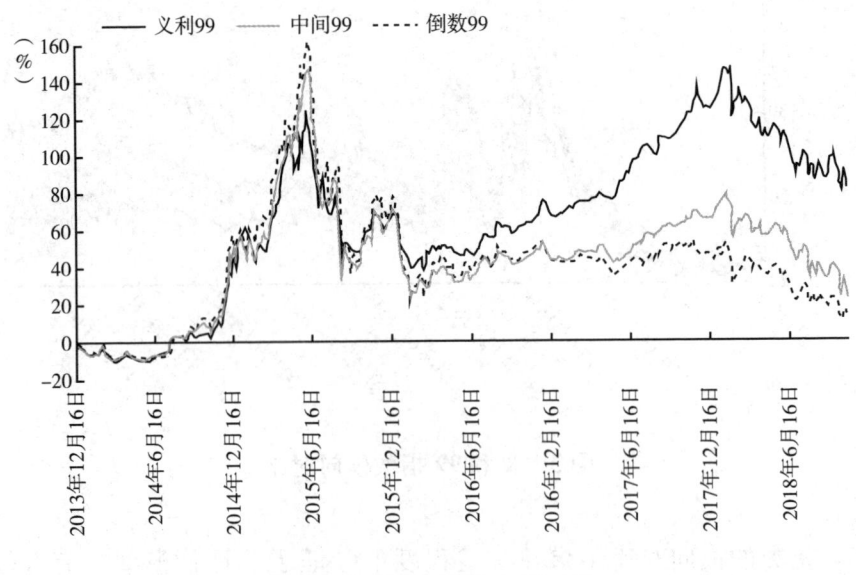

图 4　义利 99 指数内部对比

(四)评估模型解构

为验证评估模型的有效性,并为持续优化奠定基础,我们将"评估模型"拆解,生成了 3 只模拟指数,与以全模型为基础的义利 99 指数进行对比。分析结果显示,截至 2018 年 10 月 31 日,以全部效益 | 转化力指标得分最高的 99 家上市公司生成的"转化力(全部)"指数累计涨幅为 79.11%;以经济贡献指标得分最高的 99 家上市公司生成的"转化力(经济)"指数累计涨幅为 79.73%;在全部转化力基础上加入创新力,组合指数"转化力+创新力"指数累计涨幅为 85.67%,表现明显改善。以全模型为基础生成的"义利 99"模拟指数累计涨幅 86.03%,表现最佳。

在 19 个季度中,义利 99 指数有 7 个季度的涨幅最大(跌幅最

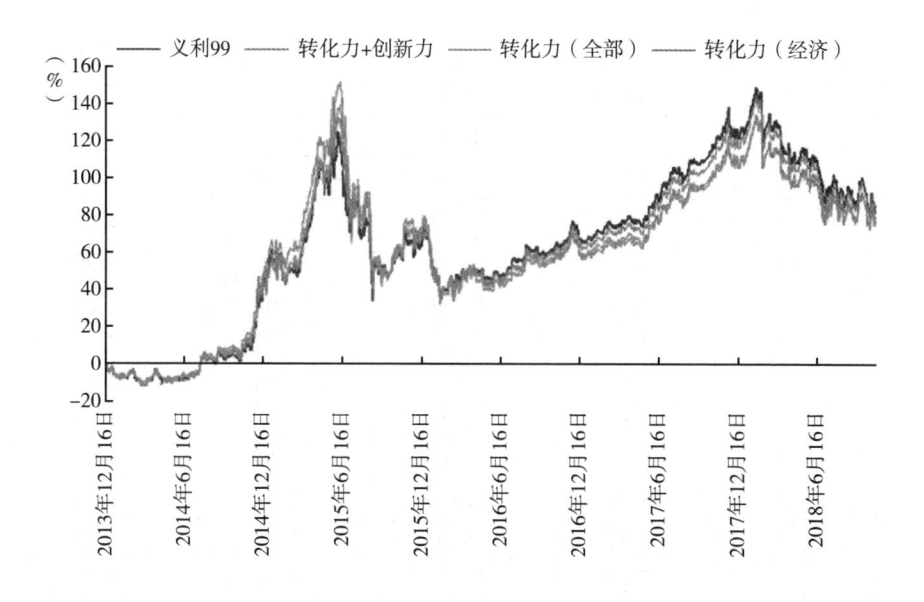

观测"义利99":指数编制与追踪对比

图5 "义利99"评估模型解构对比

小),"转化力(全部)"指数有5个季度的涨幅最大(跌幅最小),"转化力(经济)"指数有4个季度的涨幅最大(跌幅最小),"转化力+创新力"指数有3个季度的涨幅最大(跌幅最小)。

从指数对比表现看,义利99指数的表现优于"经济转化+X指标群"。这说明"评估模型"的指标体系具有完备性,指标各司其职,构成有机整体。

表3 评估模型解构季度涨幅对比

单位:%

年份	季度	义利99	转化力(经济)	转化力(全部)	转化力+创新力
2014	1	-6.81	-7.24	-6.74	-7.42
	2	2.34	2.41	3.18	2.25
	3	10.98	12.71	15.02	15.62
	4	50.02	53.46	40.29	40.59

续表

年份	季度	义利99	转化力(经济)	转化力(全部)	转化力+创新力
2015	1	10.51	15.21	16.12	15.71
	2	11.90	13.78	16.53	14.74
	3	-23.27	-30.36	-28.28	-26.50
	4	14.23	17.17	14.56	17.89
2016	1	-11.01	-12.59	-12.63	-12.50
	2	-0.48	-2.22	-2.52	-2.24
	3	6.98	5.35	6.78	6.91
	4	4.03	1.29	3.30	3.09
2017	1	6.49	4.79	5.61	6.32
	2	11.88	12.04	10.89	11.50
	3	6.17	5.36	5.94	6.08
	4	7.37	7.29	6.82	7.76
2018	1	-3.96	-2.50	-3.54	-4.02
	2	-8.91	-7.98	-9.50	-9.14
	3	1.76	2.87	4.71	3.38

三 小结

相比于仅以规模、成交量为标准选取成份股的沪深300，以及选取上交所上市的全部股票为成份股的上证综指，义利99指数反映的是上市公司经济、社会、环境综合贡献，不仅考查上市公司过去的表现以及当下的市值，还穿透式地考查了上市公司的持续发展和创造价值的能力。在一定程度上，义利99指数更清晰地反映了中国主流机构投资者的价值取向。

中篇小结

2018年5月9日，在富达基金与社投盟的交流会上，一位来自华尔街的分析师问："社会价值评估模型定性指标占60%，主观判断能可靠吗？"我们反问："美国通用会计准则是客观存在还是主观参与建立的规范？"

作为一项从0到1的跨界探索，社会价值评估还有太多需要校准及完善之处。从未来回望，也许它最大的价值是作为一粒火种，燃起更多机构、更高智慧投入研发的热情。然而，不管这条探索之旅要走多久、同行者有多少，我们都不能忘记，"构建规范"需要定量与定性方法的综合运用。正如法国作家居斯塔夫·福楼拜所说，"科学和艺术总在山麓分手、在山顶重逢"。一个既契合"理想价值观"又能对接"现实价值链"的工具，一定会呈现出科学与艺术的深度融合。

下篇　永续发展

利者，义之和也。

——《周易》

R.6
瞭望"义利99"：社会价值与商业文明

自第一次工业革命起，全球经济高度繁荣、科技迅猛发展、人类物质财富激增。随之而来的是能源衰竭、生态恶化、贫富差距加剧等世界性危机。在思考如何破解困局时，我们可以从商业文明的变迁中，探寻超越增长的方式、回归价值的路径、永续发展的轨迹。

一 商业文明的迁徙

我们从社会价值的视角，将第一次工业革命后的商业文明划分为四个阶段，即蛮荒（0.0时代）、启蒙（1.0时代）、变革（2.0时代）、勃兴（3.0时代）。尽管商业文明以"时代"为标签，但"时代"并不代表"时序"。事实上，我们始终处于蛮荒与变革杂糅、变革与勃兴并存的世界。商业文明在地域、产业及主体间具有多元性；即使是在同一主体的行为中，我们也会发觉其差异。

以百度为例，一方面，基于"用科技让复杂世界更简单"的使命，百度为日活1.37亿用户提供免费信息搜索服务，创造了巨大的经济、社会和环境综合价值；另一方面，魏则西事件使百度"竞价排名"的商业运作方式进入公众视野，这不是"对收费传播内容缺乏尽职调查"的技术类故障，而是反映出互联网巨头还没有筑起"不作恶"的商业底线。

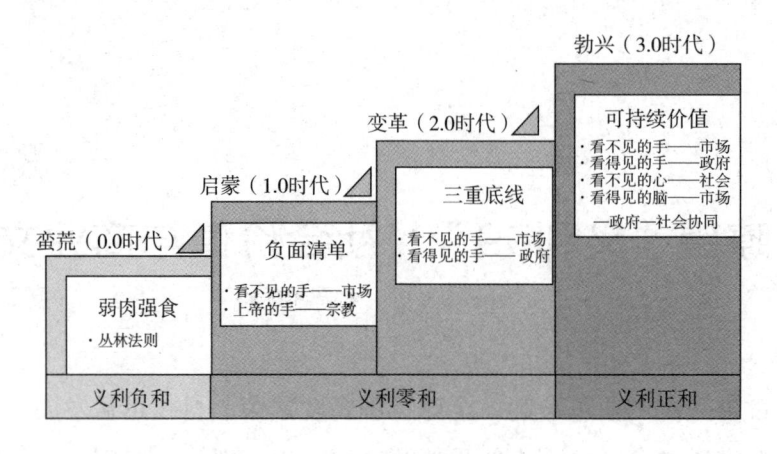

```
蛮荒（0.0时代）        启蒙（1.0时代）        变革（2.0时代）        勃兴（3.0时代）
                                                                可持续价值
                                                                · 看不见的手——市场
                                          三重底线                · 看得见的手——政府
                      负面清单              看不见的手——市场        · 看不见的心——社会
  弱肉强食             · 看不见的手——市场    看得见的手——政府        · 看得见的脑——市场
  · 丛林法则            · 上帝的手——宗教                           ——政府—社会协同

      义利负和                    义利零和                    义利正和
```

图 1　从 0.0 到 3.0 商业文明进化

（一）0.0 时代——商业文明的蛮荒

商业文明 0.0 时代的基本特征是弱肉强食。由英国蔓延到欧洲大陆的圈地运动、东印度公司的鸦片贸易、美洲种植园的非洲黑奴等，资本的原始积累是通过征服、奴役、掠夺和杀戮完成的。哲学家卡尔·马克思在《资本论》中指出，"资本来到世间，从头到脚，每个毛孔都滴着血和肮脏的东西"。在无底线、少规则的环境中，人性恶会倍增式放大，最终驱逐了人性善。这一时代上演着"羊吃人""卖鸦片""贩黑奴"一幕幕滴着血和肮脏的交易。

（二）1.0 时代——商业文明的启蒙

1.0 时代——商业文明的主要信条是"优胜劣汰"。英国经济学家亚当·斯密在《国富论》中提到，"有一双看不见的手引导……使每个人追逐个人利益，而促进了社会利益"。相对于无边界的垄断经济，1.0 时代提倡由商人主导的自由交易；相对于无规则的野蛮生长，1.0 时代主张建立公开透明的交易规则；相对于无底线的黑暗贸易，在 18 世纪中期，美国费城教友会等宗教团体提出了不涉猎烟酒、博彩、色情和军火等邪恶产业；相对于"枪杆子里面出利润"的血腥收益，1.0时代鼓励公平竞争、优胜劣汰。

人们欢呼雀跃，迎接商业文明曙光，将光芒归于"看不见的手"的市场力量，或是"从利己出发、达利他目的"的人性造化。

然而我们看到，市场尽管有威力，但并不万能，有时甚至会失能。市场的自发性可以促进资源有效配置，而其盲目性也会摧毁价值。当经济学家忙于修补经济学理论时，大多热衷于优化计量方法，而常常忽略底层逻辑。我们思考一下，市场经济是否仅以"人性恶"为驱动力？如果该逻辑成立，那么"从利己出发、达利他目的"的转化机制是什么？实现路径又在哪里？如果该逻辑有谬误，"人性善"如何参与甚至变革市场经济？

（三）2.0时代——商业文明的变革

商业文明2.0时代的标志性特征是责任觉醒。在饱受市场经济带来的繁荣之乐和萧条之痛后，人们开始重启认知，希望借助"利己+利他"的人性去推动市场发展，重构运行规则。

自20世纪60年代起，以关注三重底线［3P，People（人类）、Planet（地球）、Profit（利润）］为代表的企业社会责任观，从欧洲兴起并迅速蔓延到美国、日本等主要发达经济体。加拿大蒙特利尔学派、欧洲大陆学派和安格鲁撒克森学派热议了数十年，对社会责任的认知也没能达成共识。诸如它的定位应当是慈善活动、风控机制还是公关策略？它的重要性应当是高于或次于还是比肩于对利润的追逐？它实际效果"是拉低了还是促进了"财务回报等。

1970年9月13日，纽约《时代周刊》杂志刊出了美国经济学家米尔顿·弗里德曼的文章《企业的社会责任就是增加利润》，称企业社会责任学说通常是伪装，就算不是伪装，也会增加代理成本，从而摧毁自由市场的根基。他最后总结，"企业唯一的社会责任就是增加其利润的活动"。此文一出犹如霹雳，一时淹没了倡导企业社会责任的声浪。许多自由主义经济的追随者放下了"道德被矮化"的尴尬和扭捏，大踏步地回到"唯利是图"的老路上。

以弗里德曼为代表的自由市场主义思想深刻地影响了美国经济和货币政策，以及智利、冰岛等国的制度选择。据说，这位诺贝尔经济学奖得主一生中从未输掉过任何一次学术辩论，但是最终，他输给了与现实的博弈。在弗里德曼去世两年后，美国次贷危机于2008年爆发，全球直接经济损失6000亿美元，是1929年美国大萧条的20倍。在一定程度上说，美国次贷危机的"利剑"，斩断了对理性经济人的幻想。在"金钱永不眠"的华尔街，精英们开始反思社会责任问题。

2005年初，时任联合国秘书长安南邀请来自12个国家的20家投资机构代表，在70位来自投资产业、跨国组织和公益机构专家的支持下，制定了以"环境—社会—治理"（ESG）为主干的《联合国责任投资原则》（United Nations-Supported Principles for Responsible Investment，UNPRI），确立了六项原则，即将ESG议题纳入投资决策和分析过程；将ESG议题整合至所有权政策与实践；寻求被投资机构适当披露ESG信息；促进投资行业接受并实施PRI原则；建立合作机制，提升PRI原则实施的效能；汇报PRI原则实施的活动与进程。

该原则于2006年4月在纽约证券交易所发布，首批签署该原则的只有荷兰银行资产管理公司等17家投资机构。此后两年中，响应寥寥，增速缓慢。然而，历经了2008年次贷危机后，越来越多的金融机构开始责任觉醒。UNPRI报告显示，截至2018年3月末，签署机构已达1905家，覆盖50多个国家和地区，其中欧洲占比53.65%；亚洲增速最快，年增长率29%。全球管理资产总规模达89.65万亿美元，39%为二级市场股权类投资。截至2018年11月底，华夏基金、博时基金等17家中国的机构已签署了该原则。

2010年11月1日，国际标准化组织在日内瓦发布了《社会责任标准指南》第一版即 ISO26000。这项标准历时 5 年完成，投入的专家来自 90 多个国家与 40 多个国际性和区域性组织。ISO26000 总结了履责的七项原则和七大主题。其中，七项原则包括担当责任、透明公开、重视伦理、尊重相关方利益、尊重法治、尊重国际规范和尊重人权；七大主题包括治理结构、人权保障、劳工实践、环境保护、公平运营、消费者保护、社区发展。ISO26000 以其经论证的有效性、可信性、合法性和代表性，将争论了 50 余年的社会责任纳入发展规范中。

《联合国责任投资原则》和《社会责任标准指南》的出台标志着商业文明进入启蒙时代。透过新自由主义的崛起与衰落和企业社会责任观的冷暖交替，不难看到，不尊重"优胜劣汰"的市场规律，是行不通的；不完善"义利并举"的市场规则，是走不远的。

（四）3.0 时代——商业文明的勃兴

商业文明 3.0 时代的典型特征是"公平为体、效率为用"。在当代语境，就是"以商业的手段去解决社会的问题"。自资本主义在 16 世纪兴起后，出于对商业裹挟的血腥和肮脏的厌恶，英国政治家托马斯·莫尔就在《乌托邦》中提出了消灭私有制、建立公平福利的理想国，被称为"空想社会主义的鼻祖"和"灵魂比白雪更纯洁的人"。此后 400 多年内，人们从未停止过对既公平又效率的追求。在商业文明的变迁时代，义利并举、以义为先的"社会企业"和"影响力投资"发展起来。

"社会企业"由孟加拉国经济学家穆罕默德·尤努斯率先提出，并在 2008 年出版的《建立一个无贫困的世界——社会企业与资本主义未来》著作中进行了详尽阐述。他以自己创建的"格莱珉银行"为模板，指出了在传统公益组织与商业企业之间的社会企业，它由人性善为驱动，以解决社会问题为使命，企业家保障可持续运营但不以营利为目的、投资人可收回投资本金但不能分红。格莱珉银行就是这样一家组织，自1976年酝酿、1983年正式成立后，为893万赤贫人群（女性占97%）提供"以人为本"的小额贷款服务。在这家社会企业的带动下，孟加拉国赤贫人口减少了一半，从一度濒临战乱转为和谐发展，这一模式也被复制到了美国、印度等40多个国家。尤努斯及其创办的格莱珉银行也获得了2006年诺贝尔和平奖。

除尤努斯倡导的狭义社会企业之外，自2007年开始，共益组织（B Lab）也开始规模化评估和认证广义的社会企业。截至2018年12月，全球共有2655家企业通过共益企业（Bcorp）认证，其中中国有11家。自2015年开始，由中国慈展会发展中心等机构共同发起，面向全国企业开展社会企业的认证。截至2018年，累计认证社会企业239家。

"影响力投资"是指针对企业、项目或基金所进行的另类投资形式。该投资除了获取财务回报外，也能取得可衡量的社会和环境正效应。它与以ESG为内核的责任投资底层逻辑一致，都强调不仅要考量财务表现，也要增加社会福祉、环境保护和治理结构这三个维度。但责任投资与影响力投资也有诸多不同之处：前者关注投资的底线问题，而后者重视达成的综合效应；前者的发起者是商业性投资机构，后者的发起者是养老基金、公益基金会和家族办公室等组织；前者关注投资的负面清单（如不投什么），后者重视投资的正面清单（如要投什么）；前者不拘泥于限定的收益群体，后者特别强调资本流向金字塔底层的弱势群体；等等。推动影响力投资发展的国际组织包括全球影响力投资网络（GIIN）、全球影响力投资指导委员会（GSG）等。正如全球影响力投资指导委员会主席、英国社会投资家罗纳德·科恩爵士宣称，"应当将亚当·斯密《道德情操论》的'利他主义'和《国富论》'看不见的手'结合起来，形成'用看不见的心'导引'看不见的手'的新秩序"。这直指以效率为核心的古典和新自由主义经济学的认知体系，旨在引爆全球参与的影响力革命。

2017年末，影响力投资总额为2281亿美元，约占全球投资规模的0.3%。在中国也有禹闳资本等一批私募股权基金在探索影响力投资的发展路径。2018年11月，联合国开发计划署和世界经济论坛在日内瓦召开的联合会议上，与会人员的共识是：必须推动市场主流力量加入可持续发展的时代浪潮。只有市场、政府与社会三方协动，世界才能迎来新时代商业文明的勃兴。那么，如何才能让"看不见的手"和"看不见的心"相逢？

我们认为，可以从社会价值的视角去评估可持续金融和影响力投资，以可持续金融和影响力投资的手段去推动可持续发展。"社会价值"的逻辑起点是"义利正和而非零和"，义利转化可以促进义利双升。"社会价值"的实质内涵既不是"单维的经济增长"，也不是"单纯的社会责任"，而是经济—社会—环境的可持续发展。"社会价值"的创造方式是以技术、模式和管理创新达成，而非资源密集投入拉动。"社会价值"的驱动力量主要来自组织内生，而非外部行政指令。"社会价值"的切入要点是通过主营业务去提高社会福祉、保护生态环境，认可但并不鼓励脱离主营业务去做慈善捐助。"社会价值"的倡导边界是组织具有义利并举的初衷、致力于达成义利并举的效应，至于是"以义为先"还是"以利为先"属于组织自身的战略定位。"社会价值"的发展路径是回归综合价值的创造，计量综合价值的含量，从而完成综合价值的变现。关键在于价值链上中游，即组织如何"做好蛋糕"和"将蛋糕做好"，而并非下游的"蛋糕怎样分配"。

正因如此，"评分子模型"55个四级指标，从属性标签来看，义类指标占31%、利类指标占41%、义利兼具的指标占28%。作为唯一反映传统慈善的指标"公益投入"权重仅占2%，并且评分内容还广泛包括是否成立企业基金会，是否有公益捐赠，是否有志愿者投入，是否利用企业专业优势向社会提供无偿服务含慈善捐款、志愿服务时数等。

值得关注的是，社会价值倡导的是以市场经济为基础、以可持续发展为方向的商业文明。任何背离市场原则、单纯以道德伦理卡位或按意识形态站队的解读，最终可能走向戕害生产力、扭曲资源配置，从而造成价值摧毁。

商业文明3.0时代，对主流市场的引爆点在于回归社会价值理念、推动可持续发展金融和影响力投资发展。对经济、社会和环境综合贡献进行的量化评估就如同"看得见的脑"。这个"看得见的脑"将借助投资及实业"看不见的手"、公共政策"看得见的手"，去触达可持续发展这颗"看不见的心"。心、脑与双手的聚合会激发裂变式反应，从而推动全球的商业文明从负和、零和走入正和的新时代。

二　社会价值的接纳

通常来看，公益界谈气候变暖、贫富差距，商界谈营收利润、估值上市；公益界谈公平，商界重效率；公益界不信任数字，商界不相信眼泪。尤其是中国大部分企业家和投资人，在计划经济时代留下的阴霾记忆还未消散时，对于任何超越市场经济边界的倡议都会本能抵触。从理想到现实的通路在哪里？我们从营销学视角看，需要逐一解决市场主流机构对社会价值的"认知——认可——认购"问题。

"认知"的切入点是重构话语体系，即回归价值。无论是经济、社会还是环境贡献，其实质都是企业创造的价值。价值是可计量、可转移和可变现的，尽管对经济、社会和环境的计量方式、转移渠道和变现过程有所不同。

"认可"的切入点是构建评估工具。有人可能会激辩，由于缺少可信任的方法论，对社会和环境价值难以计量甚至无法计量。但请不要忽略，对经济活动的计量方法也是逐步发展起来的，普及全球的

"一般通用会计原则"是在1937年才制定初稿的。我们只有对外部效应进行量化评估甚至货币化计量，才能将企业对社会和环境的价值创造（或摧毁）纳入价值体系。

"认购"的切入点在于开发应用。"刚性需求、海量用户和供给洼地"这三大特征，既吻合社会和环境问题，也契合企业家和投资人所寻求的机遇。也就是说，集体焦虑的事宜既是公共政策的领域也是大众消费的取向。在中国，食品安全、空气污染、养老恐慌、教育失衡等都是供给短缺的领域，也是市场发展的良机。而"问题"和"机遇"的转化，是借助价值概念的认知、对价值评估的认可、对价值变现的认购来完成的。

也就是说，"看不见的手"需要借助"看得见的脑"完成对"看不见的心"进行认知、认可和认购的历程。在这一历程中，"看得见的手"可以协助但不能取代"看得见的脑"的作用。政府、市场和社会，只有各司其职，才能相互协同。

三 社会价值的载体

"理想谁都爱追求，如果真能追求到"。对于如何追到理想，人们的思维惯式是目标越高远、投入越巨大。几乎在全球的每个地方每次会议，只要讨论到推进"可持续发展议题"的路径时，人们都会谈到三要素——"充沛资源"、"权威机构"和"系统推进"。然而相比起宏大的理想，我们永远处于相对资源短缺的痛苦之中。在资源有限的情况下，能否将"抽象理念"化为"具象产品"，触达到"有形的手"（G端）、"无形的手"（B端）和"无形的心"（C端）呢？

我们从互联网思维中找到了灵感，即构建一个自活性产品。它既能紧扣理想目标也能链接各方利益，使来自政府、市场和社会各类用户能随时接入、迅捷开发；用市场回测去验证，在实际应用中去迭代。当这个产品跑通了全价值链，各参与方带入新的使用者、新的使用者勾连新的开发者，围绕着这条价值链，就会出现生态圈。如同埋下一颗种子，长出的是一片森林。

定位
评估工具
达成可持续发展理想且
符合用户利益诉求

用户
投资机构
上市公司
监管机构
社会公众
用户自主开发应用产品
付小额费高频使用

产品
社会价值评估体系
榜单—指数—评级

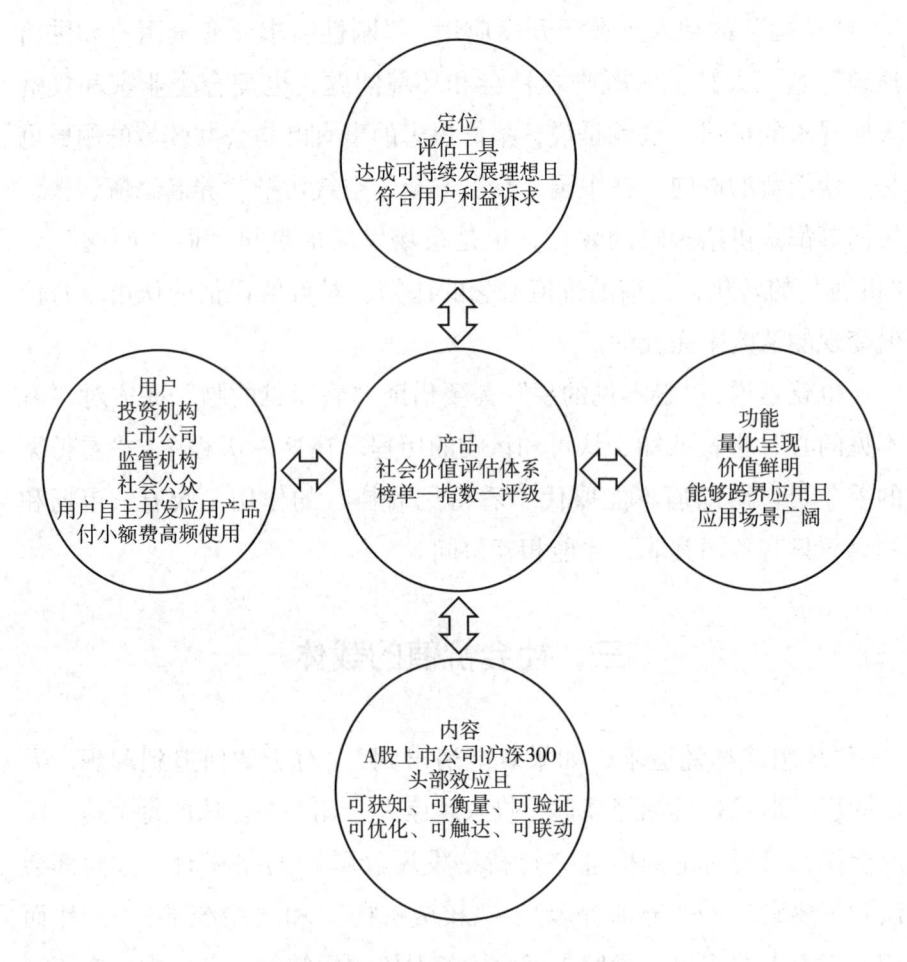

功能
量化呈现
价值鲜明
能够跨界应用且
应用场景广阔

内容
A股上市公司沪深300
头部效应且
可获知、可衡量、可验证
可优化、可触达、可联动

图 2　社会价值评估产品视角

这颗"种子"就是"社会价值评估体系"。其中，基础层是"社会价值核心主张"，工具层是"社会价值评估模型"，应用层是"义利99"。基础层需要开放设计和长期积淀，工具层需要严密逻辑和反复验证，而应用层则需要互联网产品化思维。如图2所示，"义利

99"作为一张上市公司排行榜，颠覆性的理念被植入了大众化的业态。上市公司有头部效应、排行榜产品简单明了，解决了用户"认知"问题。在产品定位上，作为一个量化评估的工具，紧扣关键参与方的需求——G端需要"政令畅通"（谁来做？做怎样？）、B端需要"价值显现"（我能做，求关注）、C端需要"解决问题"（B做好，我买单；G管好，我点赞）。一个触到了痛点、痒点和爽点的产品，能有效提升客户的"认同"。在功能上，作为一个通用型的服务模块，可整合入各类机构的核心产品。比如，"义利99＋指数公司"生成"义利99指数"，"义利99＋基金公司"生成主动投资公募产品、被动投资公募产品，"义利99＋评级公司"生成社会价值评级，等等。这样，就能够促成用户的"认购"。

正是互联网思维，使社会价值的主张以轻、快、爆的方式传播；产品化的定位，使得义随利升、利随义涨。尽管还有诸多待改进之处，但公益一改悲情苦脸的模样，"有意义"的事情就会变得"有意思"起来。

四　社会价值的价值

在"有意思"和"有意义"的情况下，如何去看社会价值"有价值"呢？在详尽梳理了社会价值的"商道"之后，我们来看它与"国策"和"民心"有着怎样的关联。

（一）社会价值与中国发展

中国当下境况比以往复杂。在国内，增速换挡、结构调整和前期刺激政策消化这三期叠加在一起，既激增了政策拿捏的难度，也限制了调控工具的选择。与此同时，在国际上，利己主义嚣张、贸易保护主义回潮以及随之而来的中美贸易摩擦，干扰了战略优先排序，也延长了经济"L"型走势。

2018年1月24日，国务院副总理刘鹤在冬季达沃斯论坛上阐述了中国经济政策的顶层设计："一个总要求"从高速度转向高质量发展；"一条主线"推进供给侧结构性改革，现阶段重点是"三去一降一补"，即去产能、去库存、去杠杆、全社会降成本，以及补上公共服务、基础设施和制度性短板；"三大攻坚战"是防范化解重大风险、精准脱贫和污染防治。

面对错综复杂的局势，中国的国策十分明确，将"国民经济单项赛"转为"经济—社会—环境的全能赛"，推进更高质量、更有效率、更加公平的可持续发展。然而在国策执行方面，市场"看不见的手"和政府"看得见的手"经常互搏，频繁出现"一管就死、一放就乱"的局面。一旦出现这种局面，就会开启"谁进谁退"的论战，或是陷入"左突右冲"的恐慌。

我们越出零和博弈的情智，升维思考一下：社会价值作为文明形态，可贯通国策、商道和民心；社会价值评估作为度量工具，有助于将外部效应内部化；社会价值评估应用（"义利99"排行榜、评级、指数、基金等）可推动隐性价值显性化，激发市场活力。

如果"越积德越赚钱"成为百姓的念想、"义利并举"成为企业的商道、"可持续发展"成为政策的根本，"看得见的手"和"看不见的手"就有了长效协同的"抓手"。让社会力量"看不见的心"加入进来，带动"看不见的手"形成有共识基础、契合国策的社会公约和行业自律机制，就会出现"管了还活、放了也稳"的良性循环。公平和效率的帕累托改进有效实现。

（二）社会价值与大众参与

从社会心理看，践行可持续发展需要具备"成人心态"，既能改进现实去满足预期，也能管理预期去符合现实。在过去四十年的高速成长中，中国在"改进现实去满足预期"方面表现出色，然而在"管理预期符合现实"方面，还不能从容应对逆境。政府应对股市涨跌、企业处理股权质押危机、民众依赖刚性兑付等现象都表现出了集体性焦虑，折射出"能赢不能输"的孩童情绪。

社会价值重视"公平和效率同步提升"，可持续发展关注"谁活得更长，而不是谁跑得更快"。我们可以借鉴互联网思维，设计公益产品、开接口引流量，让民众参与到社会价值的议题遴选、众包评估、激励机制等活动中。如果民众认知到"谁做了什么""做得怎样"，并认可"对我有什么帮助""对国家有什么影响"等，就会化解仇怼、舒缓浮躁，建立起底层信任。同时，民众既是消费者，也是生产者，是经济社会基本单元。他们会动用自己的资源如货币选票、时间选票等去支持社会价值经济发展，从而形成义利并举——义利双升的良性商业闭环。

五 社会价值的改进

2017年初，我们在与一位专业志愿者探讨"义利99"项目方案时，他问到"做这件事最大的风险是什么？"风险太多且太大，无论是法律风险、政策风险、市场风险还是数据问题、模型问题、生产问题、验证问题、操守问题、传播问题等，任何一个都可以秒杀掉一个刚出生的公益组织。仔细思考后，我们认为最大的风险在于：如果项目不成功，没人去责备"做得不好"，而都评价"这理念行不通"。

然而出乎意料的是，在2017年12月15日发布了首份"义利99"排行榜后，我们收到了来自海内外上市公司、投资机构、国际组织、公益组织、学术机构、媒体等各界的热烈反馈，既有支持和鼓励，也有指正和建议，这都对项目的持续改进提供了动力。

应当看到，作为一个将理想接引到现实的社会创新实验，发现中国"义利99"项目还有很多亟待改进之处。

其一，社会价值应找寻到更深厚的理论基础，通过与社会学、经济学、管理学、政治学等经典学科的系统比较分析，建立关联关系，从而革新认知体系。

其二，上市公司社会价值评估模型有60%定性指标，需要依靠专家智慧完成从"议题遴选—指标构建—数据验证—评分细则"的全过程，每个环节工作质量的差异，都会导致模型的精准度波动；各环节的配合，也会影响模型的效力。我们亟待更多更好的专家稳定地投入到建模和完善的工作中。

其三，社会价值评估需要高质量的数据源，目前非财务类数据存在信息缺失、口径混乱、交叉验证困难等挑战，亟须监管当局呼吁上市公司加强信息披露、第三方建立数据库并开放政府和行业协会的数据接口。此外，建立数据库还要完成海量的信息拆解、逻辑构建等拓荒性工作。

其四，社会价值评估生产需要建立更透明的流程和严谨的规范，更为重要的是，需要形成多方参与、交叉验证的增信体系。

其五，受到资源和能力制约，目前"义利99"项目尚停留在依据公开数据评估的层次，应尽快展开对评估对象的深度访谈、案例分析等工作。

其六，社会价值评估具有极大拓展空间，如可覆盖全A股、中概股，甚至标普500等境外股。其评估范围的扩大，将会迅速激发投资方活力，引导股市关注长期价值投资，带动ETF基金等一批金融产品扩容。这些都需要政策、资金和组织支持。

六 小结

回顾人类发展史，两河流域的古巴比伦孕育了阿拉伯文明，尼罗河流域的古埃及启蒙了非洲文明，恒河流域的古印度诞生了南亚文明，爱琴海的古希腊开启了西方文明，而黄河长江流域的中国创造了华夏文明。正是这些恢宏灿烂的古文明，使人类在完成生物性进化后，开始了精神上的直立行走。然而令人深思的是，在滋养了世界的五大文明中，前四大文明都发生了更迭或中断，而只有华夏文明穿越五千年，绵延至今。

早在 2500 年前，《周易》就在乾文言中提到"利者，义之和也"。义利并举、天人合一，源远流长的华夏文明蕴含了永续发展的智慧，启迪了社会价值的文明。发现"义利99"，承载的是历史，洞察的是当下，而期许的是中国与世界携手，投向美好未来！

附 录

R.7
附录一
上市公司社会价值评估模型
——评估原理

社会价值评估依据了3A三力三合一的原理。3A指AIM（目标）、APPROACH（方式）和ACTION（效益）的英文简称，是社会价值评估的基础结构；三力指目标的驱动力、方式的创新力和效益的转化力，是社会价值评估的主要特征；三合一指目标的驱动力、方式的创新力和效益的转化力的协同作用，是社会价值评估的平衡机制。

如果用公式表达，可形成包括目标 | 驱动力（AIM）、方式 | 创新力（APPROACH）和效益 | 转化力（ACTION）三个变量的一个函数关系：

社会价值 = f（目标 | 驱动力，方式 | 创新力，效益 | 转化力）

或 SV = f（AIM，APPROACH，ACTION）

3A三力的评估架构

目标|驱动力（AIM）

考察评估对象价值定位、战略规划和主营业务，即回答"组织为什么存续""义利取向"的问题

《基业长青》研究表明，通常义利企业都有超越谋利的追求，与社会福祉相关的使命，而这种追求和使命能植入战略规划，并融入主营业务

方式|创新力（APPROACH）

考察评估对象在生产技术、运营模式和管理机制等方面的创新，即回答"组织如何谋求发展""义利方式"的问题

企业创新能力越强，发展空间越大，义利并举的可能性越大。同时，企业创新方式越灵活，路径选择越多元，义利转化的达成度就越高

效益|转化力（ACTION）

考察评估对象所创造的经济、社会和环境综合效益，即回答"组织取得了怎样的内部效应和外部效应""义利结果"的问题

在目标驱动和方式创新的基础上，重点在于评估对象是否实现了经济、社会和环境综合价值，达成了整体目标

附图 1　社会价值三 A 三力评估架构

R.8
附录二
上市公司社会价值评估模型
——筛选子模型

"筛选子模型"是社会价值评估的负面清单,按照6个方面(产业问题、行业问题、财务问题、重大负面事件、违法违规、特殊处理)、18个指标,对评估对象进行"是与非"的判断,如评估对象符合任何一个指标,即被判定为资质不符,无法进入下一步量化评分环节。

附表1 筛选子模型

序号	领域	指标	定义
1	产业问题	限制类	《产业结构调整指导目录(2011年本)》及其修正版中限制类生产线或生产工艺
		淘汰类	《产业结构调整指导目录(2011年本)》及其修正版中淘汰类生产线或生产工艺
		持有股份	持有具有前述特征的上市公司股权超过20%
2	行业问题	烟草业	主营烟草或由烟草业上市公司持股超过50%
		博彩业	主营博彩或由博彩业上市公司持股超过50%
		持有股份	持有具有前述特征的上市公司股权超过20%
3	财务问题	审计报告	审计机构出具非标准无保留意见审计报告
		违法行为	税务违法,并被税务机构处罚
		行政处罚	受到处罚:停止出口退税权、没收违法所得、收缴发票或者停止发售发票、提请吊销营业执照、通知出境管理机关阻止出境

续表

序号	领域	指标	定义
3	财务问题	财务诚信	被列入财务失信被执行人名单
		外部监督	被专业财务机构或研究机构公开质疑有重大财务问题,无合理解释与回应
4	重大负面事件	外部监督	在持续经营、财务、社会、环境方面发生重大负面事件,造成严重社会影响或不积极应对、不及时公开披露处理结果
		伤亡事故	发生重大及特别重大事故且不积极应对、不及时公开披露处理结果 重大事故(10人以上30人以下死亡,或者50人以上100人以下重伤,或者5000万元以上1亿元以下直接经济损失的事故) 特别重大事故(30人以上死亡,或者100人以上重伤,或者1亿元以上直接经济损失的事故)
5	违法违规	违法	上市公司涉及单位犯罪刑事案件,董事、高管涉及上市公司本身的刑事案件尚未了结
		违规	违规并受到公开谴责或公开处罚的(省部级及以上行政机构及上海、深圳证券交易所)
		受到证券监管部门处罚	受到处罚:责令停产停业;暂扣或者吊销许可证、暂扣或者吊销执照
6	特殊处理	ST与*ST	特别处理的上市公司
		连续停牌	在交易数据考察时段内连续停牌3个月或者多次停牌累计6个月

R.9
附录三
上市公司社会价值评估模型
——评分子模型

在"筛选子模型"遴选出符合资质的上市公司后,"评分子模型"对其社会价值贡献进行量化评分。"评分子模型"包括3个一级指标(目标、方式和效益)、9个二级指标、27个三级指标和55个四级指标。

附表2 评分子模型

一级指标	二级指标	三级指标	四级指标
1. 目标（驱动力）	1.1 价值驱动	1.1.1 核心理念	1.1.1.1 使命愿景宗旨
		1.1.2 商业伦理	1.1.2.1 价值观经营理念
	1.2 战略驱动	1.2.1 战略目标	1.2.1.1 可持续发展战略目标
		1.2.2 战略规划	1.2.2.1 中长期战略发展规划
	1.3 业务驱动	1.3.1 业务定位	1.3.1.1 主营业务定位
		1.3.2 服务受众	1.3.2.1 受众结构
2. 方式（创新力）	2.1 技术创新	2.1.1 研发能力	2.1.1.1 研发投入
			2.1.1.2 每亿元营业总收入有效专利数
		2.1.2 产品服务	2.1.2.1 产品/服务突破性创新
			2.1.2.2 产品/服务契合社会价值的创新
	2.2 模式创新	2.2.1 商业模式	2.2.1.1 盈利模式
			2.2.1.2 运营模式
		2.2.2 业态影响	2.2.2.1 行业标准制定
			2.2.2.2 产业转型升级

续表

一级指标	二级指标	三级指标	四级指标
2. 方式（创新力）	2.3 管理创新	2.3.1 参与机制	2.3.1.1 利益相关方识别与参与
			2.3.1.2 投资者关系管理
		2.3.2 披露机制	2.3.2.1 财务信息披露
			2.3.2.2 非财务信息披露
		2.3.3 激励机制	2.3.3.1 企业创新奖励激励
			2.3.3.2 员工股票期权激励计划
		2.3.4 风控机制	2.3.4.1 内控管理体系
			2.3.4.2 应急管理体系
3. 效益（转化力）	3.1 经济贡献	3.1.1 盈利能力	3.1.1.1 净资产收益率
			3.1.1.2 营业利润率
		3.1.2 运营效率	3.1.2.1 总资产周转率
			3.1.2.2 应收账款周转率
		3.1.3 偿债能力	3.1.3.1 流动比率
			3.1.3.2 资产负债率
			3.1.3.3 净资产
		3.1.4 成长能力	3.1.4.1 近3年营业收入复合增长率
			3.1.4.2 近3年净资产复合增长率
		3.1.5 财务贡献	3.1.5.1 纳税总额
			3.1.5.2 股息率
			3.1.5.3 总市值
	3.2 社会贡献	3.2.1 客户价值	3.2.1.1 质量管理体系
			3.2.1.2 客户满意度
		3.2.2 员工权益	3.2.2.1 公平雇佣政策
			3.2.2.2 员工权益保护与职业发展
			3.2.2.3 职业健康保障
		3.2.3 安全运营	3.2.3.1 安全管理体系
			3.2.3.2 安全事故
		3.2.4 合作伙伴	3.2.4.1 公平运营
			3.2.4.2 供应链管理
		3.2.5 公益贡献	3.2.5.1 公益投入
			3.2.5.2 社区能力建设

续表

一级指标	二级指标	三级指标	四级指标
3. 效益（转化力）	3.3 环境贡献	3.3.1 环境管理	3.3.1.1 环境管理体系
			3.3.1.2 环保投支出占营业收入比率
			3.3.1.3 环保违法违规事件及处罚
			3.3.1.4 绿色采购政策和措施
		3.3.2 绿色发展	3.3.2.1 综合能耗管理
			3.3.2.2 水资源管理
			3.3.2.3 物料消耗管理
			3.3.2.4 绿色办公
		3.3.3 污染防控	3.3.3.1 "三废"（废水、废气、固废）减排
			3.3.3.2 应对气候变化措施及效果

注：上述评分子模型为简明公示版。操作版含赋权赋值、指标定义、评价标准、实施细则、属性标签、评价主体及备注等知识产权类信息。

R.10
附录四
上市公司社会价值评估模型
——补充说明

一　模型版本

基于行业属性和会计制度的差异，我们开发了"评分子模型"的通用版、金融专用版和地产专用版。通用版和专用版的"目标"、"方式"全部指标以及"效益"部分指标（社会转化）完全相同，但在"效益"项下的"经济转化"和"环境转化"指标设置有30%的差异度。

例如，通用版中采用了"运营效率"指标，而在金融专用版中采用"资产质量或运营效率"指标。针对银行，采用了"不良贷款率"和"拨备覆盖率"评估其资产质量；针对证券机构，采用了"总资产周转率"和"风险覆盖率"；针对保险机构，采用了"总资产周转率"和"保单继续率"。

二　指标逻辑

"评分子模型"由四级指标构成。从评估模式看，模型构建采取了"目标本位"和"目标检测"的混合方式。一级、二级指标主要反映理想目标和价值主张，即侧重"目标本位"；而三级、四级指标侧重对接数据基础和现实条件，即侧重"目标检测"。

一级指标提出了模型的基本命题与逻辑。三A即"目标｜AIM、方式｜APPROACH和效益｜ACTION"，是经典的战略管理分析架构，反映企业发展的内在规律。三A的社会价值特征是三力，即目标｜驱动力、方式｜创新力和效益｜转化力。三A三力揭示出社会价值创造的方向和动能。

二级指标是一级指标的要素构成。"目标｜驱动力"项下二级指标"价值驱动、战略驱动和业务驱动"，由抽象到具象反映评价对象是否契合了全球共识、国家方略和社会价值主张。"方式｜创新力"项下的"技术创新、模式创新和管理创新"，反映上市公司如何借助软实力去创造社会价值。"效益｜转化力"项下的"经济转化、社会转化和环境转化"，是全球可持续发展和ESG的三大议题，也是社会价值产出的三大领域。

三级指标对二级指标进行特征分解，主要作用是跨界融通，使模型与经济、政策和社会议题吻合。如在"社会转化"和"环境转化"项下的8大三级指标，与联合国17项可持续发展目标、ISO26000企业社会责任议题和"十三五"规划指引同频共振。三级指标使"评估模型"能够直接进行跨业界、跨学界和跨国界的对话。

四级指标是整个模型的具项落实，是在明确概念、提出命题和合理推断之后的逻辑呈现。由于四级指标对接量化评分，该级指标须满足数据可获取、指标可通用、评价可执行三项操作条件。

三 属性标签

投产模型的四级指标共有 55 个。为明示模型的价值导向和应用空间，模型构建组根据指标特点，进行了多维分类并注明属性标签。

按照分析方式，定量指标 17 个、定性指标 38 个；按照理念源头，契合联合国可持续发展目标的指标 41 个，契合中国五大发展理念的指标 43 个；按照所属领域，"经济效益"的指标 35 个、"社会福祉"的指标 27 个、"环境保护"的指标 10 个；按照创新程度，通用指标 20 个、原创指标 35 个；按照价值取向，侧重考量"义"的指标 20 个、"利"的指标 18 个、义利并举的指标 17 个；按照指标格局，责任底线类指标（不作恶、风险防御性）31 个、底线以上指标（要为善、价值创造型）24 个。

四 赋权赋值

"评估模型"采用了以下方法确立指标权重和评分值域：

在指标赋权中，我们采用了"层次分析法"和"德尔菲法"。首先，50 位专家用"层次分析法"生成判断矩阵，计算出每个四级指标的权重；然后，数据组根据指标的公开数据完备度计算出指标权重调整系数；最后，模型构建组对"层次分析法"得出的权重值和数据组提供的系数值进行计算，化零为整生成了最终指标权重。

在指标赋值方面，我们采纳了荷兰专家的建议，确立了"0、1、2、3"值域，便于提升中间层的区分度。部分专家建议，对特定的原创指标（如产品/服务契合社会价值的创新等）设置加减分。为维护"评分子模型"的公允性和稳定度，经反复讨论和测试，将加分项植入评分标准，将减分项并入"筛选子模型"。

五 评价标准

"评分子模型"的功能效力与评价标准息息相关。自模型构建之初，我们就确立了"公示优先""定量优先""存续优先"的评估原则。所谓"公示优先"是指以权威机构发布的信息为主；所谓"定量优先"是指以能够量化反映为主；所谓"存续优先"是指以可以连续三年以上有稳定信息披露为主。按照这三项评估原则，对四级指标逐一明确界定，并确立评价细则。

对于定量指标，我们采用聚类分析、等比例映射、等距分类、等差排序等方法进行测评；对于定性指标，分为简单定性和复杂定性两类。对于简单定性指标，用直接分析完成；对于复杂定性指标，通过专家组背对背评估、公示验证完成。

R.11
附录五 2018年度剔除上市公司汇总

附表3 2018年度剔除上市公司汇总

序号	股票代码	证券简称	剔除依据领域	剔除依据指标
1	002736.SZ	国信证券	违法违规	违规并受到公开谴责或公开处罚（省部级及以上行政机构及上海、深圳证券交易所）
2	600000.SH	浦发银行	违法违规	违规并受到公开谴责或公开处罚（省部级及以上行政机构及上海、深圳证券交易所）
3	600036.SH	招商银行	违法违规	违规并受到公开谴责或公开处罚（省部级及以上行政机构及上海、深圳证券交易所）
4	601166.SH	兴业银行	违法违规	违规并受到公开谴责或公开处罚（省部级及以上行政机构及上海、深圳证券交易所）
5	601628.SH	中国人寿	违法违规	违规并受到公开谴责或公开处罚（省部级及以上行政机构及上海、深圳证券交易所）
6	601881.SH	中国银河	违法违规	违规并受到公开谴责或公开处罚（省部级及以上行政机构及上海、深圳证券交易所）
7	601901.SH	方正证券	违法违规	违规并受到公开谴责或公开处罚（省部级及以上行政机构及上海、深圳证券交易所）
8	000063.SZ	中兴通讯	重大负面事件	在持续经营、财务、社会、环境方面发生重大负面事件

续表

序号	股票代码	证券简称	剔除依据领域	剔除依据指标
9	600570.SH	恒生电子	财务问题	审计机构出具非标准无保留意见审计报告
10	000415.SZ	渤海金控	特殊处理上市公司	连续停牌超过3个月
11	000503.SZ	国新健康	特殊处理上市公司	连续停牌超过3个月
12	000540.SZ	中天金融	特殊处理上市公司	连续停牌超过3个月
13	000723.SZ	美锦能源	特殊处理上市公司	连续停牌超过3个月
14	002252.SZ	上海莱士	特殊处理上市公司	连续停牌超过3个月
15	002310.SZ	东方园林	特殊处理上市公司	连续停牌超过3个月
16	002450.SZ	康得新	特殊处理上市公司	连续停牌超过3个月
17	002470.SZ	金正大	特殊处理上市公司	连续停牌超过3个月
18	002739.SZ	万达电影	特殊处理上市公司	连续停牌超过3个月
19	600157.SH	永泰能源	特殊处理上市公司	连续停牌超过3个月
20	600221.SH	海航控股	特殊处理上市公司	连续停牌超过3个月
21	600309.SH	万华化学	特殊处理上市公司	连续停牌超过3个月
22	600682.SH	南京新百	特殊处理上市公司	连续停牌超过3个月
23	601216.SH	君正集团	特殊处理上市公司	连续停牌超过3个月
24	601390.SH	中国中铁	特殊处理上市公司	连续停牌超过3个月
25	601600.SH	中国铝业	特殊处理上市公司	连续停牌超过3个月

R.12
附录六 2018年度A股上市公司社会价值义利99排行榜

附表4 A股上市公司社会价值义利99排行榜

单位：分，%

排名	证券代码	证券简称	中证一级行业	目标驱动力(10)	方式创新力(30)	效益转化力经济贡献(30)	效益转化力社会贡献(15)	效益转化力环境贡献(15)	总分	合一度	义利属性
1	601668.SH	中国建筑	工业	7.83	25.90	20.91	14.30	11.67	80.61	94	义利双优
2	601288.SH	农业银行	金融	7.83	22.14	22.51	13.77	13.33	79.58	94	义利双优
3	002601.SZ	龙蟒佰利	原材料	7.33	25.05	20.92	14.00	11.67	78.97	93	义利双优
4	000725.SZ	京东方A	信息技术	9.00	23.30	17.96	14.30	12.00	76.56	89	义较突出
5	601800.SH	中国交建	工业	7.50	24.11	19.03	13.97	11.50	76.11	96	义较突出
6	000338.SZ	潍柴动力	工业	8.00	22.38	22.20	13.63	9.33	75.54	96	义利双优
7	600050.SH	中国联通	电信业务	6.33	24.28	16.94	13.43	14.00	74.98	88	义较突出
8	601088.SH	中国神华	能源	7.33	23.59	21.64	11.85	9.67	74.08	95	义利双优
9	600688.SH	上海石化	能源	6.83	22.35	21.12	10.82	11.17	72.29	96	义利双优
10	000002.SZ	万科A	地产	7.33	19.47	23.20	11.87	10.33	72.20	92	义利双优
11	600068.SH	葛洲坝	工业	8.33	22.41	18.72	12.33	10.00	71.80	90	义较突出
12	600196.SH	复星医药	医药卫生	7.33	19.05	17.01	14.27	14.00	71.67	91	义较突出
13	600900.SH	长江电力	公用事业	8.00	20.06	22.53	12.52	8.33	71.44	91	义利双优
14	600104.SH	上汽集团	可选消费	8.00	21.16	20.16	12.37	9.67	71.35	92	义利双优
15	001979.SZ	招商蛇口	地产	5.17	20.43	25.45	11.23	8.33	70.61	82	利较突出
16	601186.SH	中国铁建	工业	7.50	19.41	19.41	13.22	11.00	70.54	92	义较突出

附录六 2018年度A股上市公司社会价值义利99排行榜

续表

排名	证券代码	证券简称	中证一级行业	目标驱动力(10)	方式创新力(30)	效益转化力经济贡献(30)	效益转化力社会贡献(15)	效益转化力环境贡献(15)	总分	合一度	义利属性
17	600028.SH	中国石化	能源	7.00	21.58	20.83	11.12	10.00	70.53	98	义利双优
18	600690.SH	青岛海尔	可选消费	5.33	24.37	21.06	10.40	9.33	70.50	79	利较突出
19	601766.SH	中国中车	工业	7.33	20.67	20.35	11.43	10.67	70.45	97	义利双优
20	600018.SH	上港集团	工业	8.67	22.10	21.94	11.55	6.00	70.26	86	利较突出
21	601238.SH	广汽集团	可选消费	5.50	18.96	23.68	12.52	9.50	70.16	84	义利双优
22	601899.SH	紫金矿业	原材料	7.33	18.44	19.12	14.07	11.17	70.13	90	义较突出
23	601618.SH	中国中冶	工业	6.17	23.61	17.29	13.27	9.67	70.00	87	义较突出
24	600887.SH	伊利股份	主要消费	5.83	19.24	20.26	13.53	11.00	69.86	87	义利双优
25	000100.SZ	TCL集团	可选消费	7.17	19.56	17.69	12.73	12.67	69.82	95	义较突出
26	601988.SH	中国银行	金融	7.83	20.98	21.17	10.40	9.33	69.71	92	利较突出
27	601939.SH	建设银行	金融	6.33	17.60	22.29	10.70	12.67	69.59	86	义利双优
28	600188.SH	兖州煤业	能源	7.33	19.65	22.42	12.32	7.67	69.39	94	利较突出
29	600019.SH	宝钢股份	原材料	5.50	19.52	22.32	11.07	10.67	69.07	86	义利双优
30	600498.SH	烽火通信	电信业务	6.67	23.39	15.57	12.90	10.50	69.03	90	义较突出
31	600008.SH	首创股份	公用事业	7.67	20.61	18.03	11.10	11.33	68.74	93	义利双优
32	601607.SH	上海医药	医药卫生	8.17	22.50	16.67	11.07	10.00	68.40	87	义较突出
33	601111.SH	中国国航	工业	8.33	16.66	18.73	12.73	11.00	67.45	80	义较突出
34	601688.SH	华泰证券	金融	6.17	18.08	21.08	10.70	11.33	67.36	90	义利双优
35	601998.SH	中信银行	金融	7.83	18.45	20.40	12.30	8.33	67.32	88	义利双优
36	601318.SH	中国平安	金融	6.33	16.06	23.88	12.30	8.00	66.57	84	义利双优
37	002202.SZ	金风科技	工业	7.50	20.50	16.57	11.85	10.00	66.42	92	义较突出
38	600016.SH	民生银行	金融	8.83	16.26	19.99	11.53	9.33	65.95	76	义较突出
39	601857.SH	中国石油	能源	7.00	19.84	19.52	11.57	8.00	65.92	96	义利兼具
40	600115.SH	东方航空	工业	5.17	20.39	17.73	12.60	10.00	65.89	85	义较突出
41	601398.SH	工商银行	金融	6.17	17.66	22.05	9.87	10.00	65.74	91	利较突出
42	000776.SZ	广发证券	金融	5.17	17.83	23.76	10.60	8.33	65.69	84	利较突出

续表

排名	证券代码	证券简称	中证一级行业	目标驱动力(10)	方式创新力(30)	效益转化力经济贡献(30)	效益转化力社会贡献(15)	效益转化力环境贡献(15)	总分	合一度	义利属性
43	601328.SH	交通银行	金融	6.50	19.23	20.70	9.03	10.00	65.46	98	利较突出
44	600015.SH	华夏银行	金融	7.33	18.13	20.38	9.93	9.67	65.45	90	利较突出
45	601877.SH	正泰电器	工业	8.00	18.92	20.08	11.43	7.00	65.43	86	利较突出
46	002142.SZ	宁波银行	金融	6.17	18.29	20.06	9.87	10.67	65.06	94	义利双优
47	000625.SZ	长安汽车	可选消费	6.50	19.14	17.58	10.73	11.00	64.96	99	义较突出
48	601669.SH	中国电建	工业	7.67	20.06	18.96	10.90	7.33	64.91	89	义利兼具
49	600332.SH	白云山	医药卫生	5.67	21.69	17.35	10.48	9.67	64.86	88	义较突出
50	000001.SZ	平安银行	金融	3.00	20.10	20.88	11.50	9.33	64.81	60	义利双优
51	600029.SH	南方航空	工业	5.17	18.90	18.08	13.65	9.00	64.80	86	义较突出
52	300070.SZ	碧水源	工业	8.67	21.30	18.19	10.57	6.00	64.72	80	义利兼具
53	002594.SZ	比亚迪	可选消费	3.67	24.12	16.81	12.78	7.33	64.71	63	义较突出
54	002352.SZ	顺丰控股	工业	6.83	19.46	25.28	7.60	5.33	64.50	96	利较突出
55	002024.SZ	苏宁易购	可选消费	6.17	18.00	20.05	10.90	9.33	64.45	94	义利双优
56	000538.SZ	云南白药	医药卫生	6.67	18.71	18.54	11.48	9.00	64.40	97	义较突出
57	000963.SZ	华东医药	医药卫生	7.50	18.40	18.19	9.93	10.33	64.36	89	义较突出
58	601012.SH	隆基股份	工业	7.17	17.37	22.79	11.62	5.33	64.28	89	利较突出
59	600089.SH	特变电工	工业	8.33	20.72	15.79	12.02	7.33	64.20	82	义利兼具
60	600011.SH	华能国际	公用事业	8.33	17.85	19.38	11.77	6.67	64.00	81	义利兼具
61	601828.SH	美凯龙	工业	6.00	20.90	18.72	9.67	8.67	63.95	92	义利兼具
62	600585.SH	海螺水泥	原材料	4.67	14.06	21.33	12.57	11.33	63.95	71	义利双优
63	600518.SH	康美药业	医药卫生	6.17	21.48	18.26	11.22	6.67	63.79	90	义利兼具
64	002415.SZ	海康威视	信息技术	4.83	21.62	23.13	10.12	4.00	63.70	80	利较突出
65	601727.SH	上海电气	工业	7.00	17.57	16.31	13.13	9.67	63.67	91	义较突出
66	601211.SH	国泰君安	金融	6.50	13.97	23.92	10.20	9.00	63.59	79	利较突出
67	601991.SH	大唐发电	公用事业	7.67	21.46	13.99	10.60	9.67	63.39	85	义较突出
68	000333.SZ	美的集团	可选消费	6.50	20.01	23.67	8.10	5.50	63.11	95	利较突出

附录六 2018年度A股上市公司社会价值义利99排行榜

续表

排名	证券代码	证券简称	中证一级行业	目标驱动力(10)	方式创新力(30)	效益转化力经济贡献(30)	效益转化力社会贡献(15)	效益转化力环境贡献(15)	总分	合一度	义利属性
69	601898.SH	中煤能源	能源	8.33	17.68	17.07	10.62	9.00	62.70	80	义利兼具
70	600741.SH	华域汽车	可选消费	3.83	19.68	19.91	10.27	9.00	62.69	72	义利兼具
71	000858.SZ	五粮液	主要消费	7.33	19.74	19.34	10.27	6.00	62.68	89	义利兼具
72	600837.SH	海通证券	金融	3.83	16.99	22.38	11.10	8.33	62.64	71	利较突出
73	600031.SH	三一重工	工业	6.17	22.91	18.80	10.65	4.00	62.53	84	义利兼具
74	600867.SH	通化东宝	医药卫生	6.33	19.55	20.05	8.42	8.00	62.35	97	利较突出
75	603799.SH	华友钴业	原材料	6.17	18.89	17.05	13.52	6.67	62.29	99	义较突出
76	601225.SH	陕西煤业	能源	7.67	13.77	20.72	10.43	9.67	62.26	75	义利双优
77	600276.SH	恒瑞医药	医药卫生	6.67	19.14	23.21	7.23	6.00	62.25	95	利较突出
78	601169.SH	北京银行	金融	5.50	20.91	20.45	9.22	6.00	62.08	88	利较突出
79	000423.SZ	东阿阿胶	医药卫生	5.50	17.60	19.03	10.55	9.33	62.02	92	义利兼具
80	300124.SZ	汇川技术	工业	6.17	17.23	19.97	10.32	8.33	62.02	94	义利兼具
81	002236.SZ	大华股份	信息技术	8.33	21.37	20.33	6.25	5.67	61.95	79	利较突出
82	601808.SH	中海油服	能源	4.17	21.02	11.02	13.27	12.33	61.80	75	义较突出
83	002241.SZ	歌尔股份	信息技术	6.67	18.29	19.01	11.40	6.33	61.69	95	义利兼具
84	600406.SH	国电南瑞	工业	5.83	17.78	21.20	11.85	5.00	61.66	96	利较突出
85	000895.SZ	双汇发展	主要消费	5.83	15.02	20.97	10.18	9.33	61.35	85	利较突出
86	601985.SH	中国核电	公用事业	7.00	17.16	20.92	9.13	7.00	61.21	90	利较突出
87	601788.SH	光大证券	金融	4.83	20.43	20.37	9.75	5.67	61.06	83	利较突出
88	601818.SH	光大银行	金融	4.67	20.61	19.96	7.05	8.67	60.95	81	义利兼具
89	601229.SH	上海银行	金融	7.00	16.39	19.49	10.37	7.67	60.91	88	义利兼具
90	002008.SZ	大族激光	信息技术	5.50	21.21	18.56	9.97	5.33	60.57	86	义利兼具
91	600271.SH	航天信息	信息技术	7.17	20.56	18.11	9.43	5.67	60.17	86	义利兼具
92	601933.SH	永辉超市	主要消费	6.83	13.89	21.08	12.70	5.67	60.17	80	利较突出
93	300072.SZ	三聚环保	原材料	5.50	19.56	19.88	9.68	5.33	60.12	92	义利兼具
94	600340.SH	华夏幸福	地产	7.67	14.86	23.41	9.18	5.00	60.11	78	利较突出

续表

排名	证券代码	证券简称	中证一级行业	目标驱动力(10)	方式创新力(30)	效益转化力经济贡献(30)	效益转化力社会贡献(15)	效益转化力环境贡献(15)	总分	合一度	义利属性
95	600176.SH	中国巨石	原材料	5.17	20.34	18.23	10.70	5.67	60.11	86	义利兼具
96	601117.SH	中国化学	工业	6.83	18.28	14.01	12.68	8.00	59.80	91	义较突出
97	601601.SH	中国太保	金融	4.17	15.94	22.88	7.37	9.33	59.69	77	利较突出
98	002925.SZ	盈趣科技	可选消费	6.67	18.20	21.35	8.45	5.00	59.67	93	利较突出
99	600438.SH	通威股份	主要消费	9.00	17.73	19.76	7.17	6.00	59.65	72	义利兼具

R.13

附录七 2018年度"义利99"上榜公司社会价值评级

附表5 "义利99"上榜公司社会价值评级

排名	代码	证券简称	中证行业	2018年社会价值评级	2017年社会价值评级	变化
1	601668.SH	中国建筑	工业	AA+	AA	↑
2	601288.SH	农业银行	金融	AA	A	↑
3	002601.SZ	龙蟒佰利	原材料	AA	—	—
4	000725.SZ	京东方A	信息技术	AA	A+	↑
5	601800.SH	中国交建	工业	AA	A-	↑
6	000338.SZ	潍柴动力	工业	AA	A-	↑
7	600050.SH	中国联通	电信业务	AA-	A	↑
8	601088.SH	中国神华	能源	AA-	A+	↑
9	600688.SH	上海石化	能源	AA-	A+	↑
10	000002.SZ	万科A	地产	AA-	A-	↑
11	600068.SH	葛洲坝	工业	AA-	A	↑
12	600196.SH	复星医药	医药卫生	AA-	BBB+	↑
13	600900.SH	长江电力	公用事业	AA-	AA-	→
14	600104.SH	上汽集团	可选消费	AA-	A-	↑
15	001979.SZ	招商蛇口	地产	AA-	BBB+	↑
16	601186.SH	中国铁建	工业	AA-	A	↑
17	600028.SH	中国石化	能源	AA-	A	↑
18	600690.SH	青岛海尔	可选消费	AA-	A	↑
19	601766.SH	中国中车	工业	AA-	BBB+	↑

续表

排名	代码	证券简称	中证行业	2018年社会价值评级	2017年社会价值评级	变化
20	600018.SH	上港集团	工业	AA-	A-	↑
21	601238.SH	广汽集团	可选消费	AA-	—	—
22	601899.SH	紫金矿业	原材料	AA-	A-	↑
23	601618.SH	中国中冶	工业	A+	A	↑
24	600887.SH	伊利股份	主要消费	A+	A-	↑
25	000100.SZ	TCL集团	可选消费	A+	A-	↑
26	601988.SH	中国银行	金融	A+	A	↑
27	601939.SH	建设银行	金融	A+	A-	↑
28	600188.SH	兖州煤业	能源	A+	BBB+	↑
29	600019.SH	宝钢股份	原材料	A+	BBB+	↑
30	600498.SH	烽火通信	电信业务	A+	A+	→
31	600008.SH	首创股份	公用事业	A+	BB	↑
32	601607.SH	上海医药	医药卫生	A+	A-	↑
33	601111.SH	中国国航	工业	A+	A-	↑
34	601688.SH	华泰证券	金融	A+	BB	↑
35	601998.SH	中信银行	金融	A+	BBB+	↑
36	601318.SH	中国平安	金融	A	BBB+	↑
37	002202.SZ	金风科技	工业	A	A-	↑
38	600016.SH	民生银行	金融	A	BBB+	↑
39	601857.SH	中国石油	能源	A	A	→
40	600115.SH	东方航空	工业	A	BBB+	↑
41	601398.SH	工商银行	金融	A	A	→
42	000776.SZ	广发证券	金融	A	BBB	↑
43	601328.SH	交通银行	金融	A	A-	↑
44	600015.SH	华夏银行	金融	A	A	→
45	601877.SH	正泰电器	工业	A	AA-	↓
46	002142.SZ	宁波银行	金融	A	BBB-	↑
47	000625.SZ	长安汽车	可选消费	A	A	→
48	601669.SH	中国电建	工业	A	A	→

附录七 2018年度"义利99"上榜公司社会价值评级

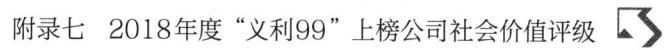

续表

排名	代码	证券简称	中证行业	2018年社会价值评级	2017年社会价值评级	变化
49	600332.SH	白云山	医药卫生	A	BBB-	↑
50	000001.SZ	平安银行	金融	A	A-	↑
51	600029.SH	南方航空	工业	A	BBB	↑
52	300070.SZ	碧水源	工业	A	A	→
53	002594.SZ	比亚迪	可选消费	A	A-	↑
54	002352.SZ	顺丰控股	工业	A	BB	↑
55	002024.SZ	苏宁易购	可选消费	A	A-	↑
56	000538.SZ	云南白药	医药卫生	A	BBB+	↑
57	000963.SZ	华东医药	医药卫生	A	BB-	↑
58	601012.SH	隆基股份	工业	A	—	—
59	600089.SH	特变电工	工业	A	BBB	↑
60	600011.SH	华能国际	公用事业	A	—	—
61	601828.SH	美凯龙	工业	A	—	—
62	600585.SH	海螺水泥	原材料	A	BBB-	↑
63	600518.SH	康美药业	医药卫生	A	A-	↑
64	002415.SZ	海康威视	信息技术	A	BBB+	↑
65	601727.SH	上海电气	工业	A	BBB+	↑
66	601211.SH	国泰君安	金融	A	BBB	↑
67	601991.SH	大唐发电	公用事业	A	—	—
68	000333.SZ	美的集团	可选消费	A-	BBB+	↑
69	601898.SH	中煤能源	能源	A-	—	—
70	600741.SH	华域汽车	可选消费	A-	BBB+	↑
71	000858.SZ	五粮液	主要消费	A-	BBB-	↑
72	600837.SH	海通证券	金融	A-	BBB-	↑
73	600031.SH	三一重工	工业	A-	BB	↑
74	600867.SH	通化东宝	医药卫生	A-	—	—
75	603799.SH	华友钴业	原材料	A-	—	—
76	601225.SH	陕西煤业	能源	A-	BBB+	↑
77	600276.SH	恒瑞医药	医药卫生	A-	BB	↑

续表

排名	代码	证券简称	中证行业	2018年社会价值评级	2017年社会价值评级	变化
78	601169.SH	北京银行	金融	A-	BBB+	↑
79	000423.SZ	东阿阿胶	医药卫生	A-	BBB	↑
80	300124.SZ	汇川技术	工业	A-	BBB+	↑
81	002236.SZ	大华股份	信息技术	A-	BBB	↑
82	601808.SH	中海油服	能源	A-	—	—
83	002241.SZ	歌尔股份	信息技术	A-	BBB	↑
84	600406.SH	国电南瑞	工业	A-	A-	→
85	000895.SZ	双汇发展	主要消费	A-	BBB+	↑
86	601985.SH	中国核电	公用事业	A-	A-	→
87	601788.SH	光大证券	金融	A-	BB+	↑
88	601818.SH	光大银行	金融	A-	BBB-	↑
89	601229.SH	上海银行	金融	A-	BBB+	↑
90	002008.SZ	大族激光	信息技术	A-	BBB-	↑
91	600271.SH	航天信息	信息技术	A-	BBB-	↑
92	601933.SH	永辉超市	主要消费	A-	BBB	↑
93	300072.SZ	三聚环保	原材料	A-	BBB-	↑
94	600340.SH	华夏幸福	地产	A-	BBB-	↑
95	600176.SH	中国巨石	原材料	A-	—	—
96	601117.SH	中国化学	工业	BBB+	A-	↓
97	601601.SH	中国太保	金融	BBB+	BBB	↑
98	002925.SZ	盈趣科技	可选消费	BBB+	—	—
99	600438.SH	通威股份	主要消费	BBB+	—	—

注：①"↑"表示社会价值评级上升；"↓"表示社会价值评级下降；"→"表示社会价值评级不变；"—"表示2017年未参与社会价值评级。②部分公司2017年未参与社会价值评级是由于2017年未进入沪深300。

R.14
附录八 义利99指数编制方案

一 引言

义利99指数是根据社会价值投资联盟（深圳）研发的"上市公司社会价值评估模型"（由筛选子模型和评分子模型组成），从沪深两市规模最大、流动性好的300家公司中评选社会价值最高的99家公司作为样本股，以反映沪深两市上市公司社会价值创造能力与股价走势的变动关系，于2018年11月在Wind金融终端上线。

二 样本空间

基于沪深两市规模最大、流动性好的300家公司。

三 选样方法

义利99指数成份股是按照以下步骤从样本空间中选出的上市公司。

（1）通过"评估模型——筛选子模型"，从产业问题、行业问题、财务问题、重大负面事件、违法违规、特殊处理6个方面18个指标剔除资质不符的上市公司。

（2）通过"评估模型——评分子模型"，从目标｜驱动力（价值驱动、战略驱动、业务驱动）、方式｜创新力（技术创新、模式创

新、管理创新)、效益 | 转化力(经济贡献、社会贡献、环境贡献)3个方面55个四级指标对入围公司进行量化评分。

(3)将社会价值量化评分由高到低排名,选取排前99名的股票作为指数成分。

四　指数计算

义利99指数以"点"为单位,精确到小数点后2位。

(一)基日与基期

义利99指数以2013年12月16日为基日,基点为1000点。

(二)指数计算公式

义利99指数采用派许加权综合价格指数公式进行计算,计算公式如下:

$$报告期指数 = \frac{报告期成份股的调整市值}{除数} \times 1000$$

其中,调整市值 = $\sum$(股价 × 调整股本数)。

指数计算中的调整股本数系根据分级靠档的方法对样本股股本进行调整而获得。要确定调整股本数,需要确定自由流通股本和分级靠档两个因素,参见Wind。

五　样本调整

(一)调整频率

每半年调整一次,成份股调整实施时间分别是每年1月和7月。

（二）临时调样

在有特殊事件发生，以致影响指数的代表性和可投资性时，或样本股发生严重违背社会价值主张的负面事件时，经社标委审核同意，将对义利99指数成份股做出必要的临时调整。

（三）备选名单

为提高指数成份股临时调整的可预期性和透明性，义利99指数设置备选名单，用于成份股定期调整之间发生的临时调整。每次成份股定期调整时，设置备选名单，备选名单中股票数量为指数样本数量的10%，义利99指数设置10只备选成份股。

ℝ.15
附录九　大事记

2017年12月　《发现中国"义利99"——A股上市公司社会价值评估报告（2017）》在北京发布。

2018年1月　召开线上专家会，讨论成立社会价值评估标准工作委员会。

2018年1月　社投盟秘书长与深交所综合研究所所长受邀参加深广电节目，介绍"义利99"项目。

2018年3月　项目团队完善工作制度及标准，录制培训视频，制作项目操作手册。

2018年3月　项目团队启动2013/2014年数据搜集工作。

2018年3月　在北京召开了2018年第一次线下专家会，探讨发布会后"义利99"模拟指数走势情况、数据分析结果，以及项目的2018年规划。

2018年4月　社投盟与基金公司达成合作，开始筹备社会价值主题基金。

2018年4月　项目团队开始尝试机器学习的方式自动化抓取数据。

2018年4月　社投盟受邀参加ESAFON在日内瓦举办的第三届全球影响力投资峰会，参与"中国如何促进全球影响力投资生态"的主题讨论，"义利99"获得了与会的全球影响力投资先行者的高度评价。

2018年5月　项目团队完成2013/2014年数据人工搜集工作，启动2017年数据搜集工作。

2018年5月　项目团队受富达基金邀请，与全球40多位基金经理在深圳交流，团队介绍"义利99"，并与大家共同探讨国际、国内社会价值投资发展的情况和趋势。

2018年5月　中国人民大学管理学院师生到深圳与"义利99"团队交流。

2018年5月　项目团队完成3年数据清洗工作。

2018年6月　项目团队开展背对背评分工作，并对数据及评分进行抽查。

2018年6月　邀请专家对评分结果进行明箱挑战。

2018年6月　在北京召开2018年第二次线下会议，成立社会价值评估标准工作委员会筹备组，讨论社标委管理办法及"义利99"（2018）初步分析结果。

2018年7月　项目团队开展数据分析工作。

2018年7月　价值在线协助整理备选上榜公司违规情况、监管函件、负面舆情。

2018年8月　项目团队与社标委根据筛选子模型确定筛选公司名单，确定最终2018年"义利99"排行榜。

2018年9月　公开发布2018年A股上市公司社会价值"义利99"排行榜。

2018年9月　与万得达成合作，在Wind金融终端上发布A股上市公司社会价值评级。

2018年9月　社投盟受联合国开发计划署邀请参加第73届联合国大会，在市场力量推动可持续发展会上向全球代表分享"义利99"的理念和实践。

2018年10月　华泰保险集团董事长一行到深圳，与社投盟团队围绕"企业应追求社会价值"的理念、模式、评估等进行深度交流。

2018 年 11 月　与万得合作开发义利 99 指数,并在 Wind 金融终端实时发布指数变化情况。

2018 年 10 月　社投盟与联合国副秘书长、开发计划署署长阿希姆·施泰纳共进晚宴,共议借力金融与科技创新推动可持续发展,并详细介绍了义利 99 项目。

2018 年 11 月　社投盟应邀出席联合国开发计划署可持续发展金融高层顾问委员会高端对话活动。

R.16 致　谢

向以下专业志愿者、机构表示致敬，感谢其在项目过程中进行深度交流、指导、支持：

国内专业志愿者

柏　亮	陈杭生	陈智慧	冯晓莲	葛　玮	郭　毅	郭培源
何基报	何　杰	黄安平	江　聊	康晓光	李　文	李　楠
零　慧	刘吉人	刘剑雄	刘　霄	刘　钊	刘治平	刘学之
陆　风	卢　迈	卢　琦	马蔚华	马　骏	马　磊	孟凡娟
秦　朔	芮　萌	苏　梅	孙　骏	汤　敏	田　多	童腾飞
汪亦兵	王国平	王　名	王　平	王晓津	王梓木	王　超
王菲萍	王晓书	文　运	魏国雄	吴坚忠	闫晓禹	杨曦沦
于　彬	袁金浩	袁瑞军	曾　硕	曾　斌	张建森	张金其
张　旺	张子炜	赵永刚	赵　萌	周　强	朱　玲	朱四明

国际 ProBono

Karl H. Richter　　David Galipeau　　Wayne Silby　　Willem Vosmer

国内机构

《财经》杂志、慈善先锋、逢甲大学、国际公益学院、价值在线、零壹财经、清华大学公益研究院、睿远基金、上海申银万国证券研究所有限公司、上海外国语学院、社会企业家研究院、申万菱信基金管理有限公司、深圳市福田区政府、深圳证券交易所综合研究所、深圳证券信息有限公司、万得资讯、兴全基金管理有限公司、野村综研（上海）咨询有限公司、友成企业家扶贫基金会、中国发展研究基金会、中国金融学会绿色金融专业委员会、中国（深圳）综合开发研究院、中国投融资协会项目投融资专业委员会、中欧商学院

国际机构

标普全球评级、联合国开发署可持续发展影响力金融（UNSIF）、路透、穆迪、彭博、全球影响力投资网络（GIIN）、全球影响力投资指导委员会（GSG）、瑞银慈善基金会、Steward Redqueen、联合国开发计划署（UNDP）

项目组

白 虹	卞瑞瑶	曹 昕	陈卓雅	董艾青	勾丽钧	郭子兴
洪宇茜	化 园	黄 婕	姜亚晨	李 恒	李希颖	廖翠婷
刘珉羽	卢 轲	马文年	潘佳佳	钱 丽	陶林林	王 岚
王苡憬	叶宗论	张沛超	张 琦	张 喆	赵倩雯	周辰雨
周至强	庄心旖

感谢为"义利99"作出公益贡献的99位专家以及他们所代表的53家机构。根据社投盟"时间银行"的记录，自项目立项开始，截至2018年10月31日，来自金融、实业、学术、政策和公益界的专家组召开线下会议62次、线上会议41次，发起五轮"明箱挑战"，

有效工作时长达4300小时；项目组成员，完成了评估模型28版修订、6轮重大调整，负责调研对标、数据分析、语义分析、模型测试、交叉验证等执行工作，有效工作时长逾35000小时。

发现"义利99"是一次跨界协同的社会创新。再次感谢各位专家、机构为中国新公益发展作出的贡献。

R.17
声　明

☞ 项目组及参与评估的专家与评估对象不存在影响评估行为客观、独立、公正的关联关系。

☞ 项目组成员认真履行了尽职调查和勤勉尽责的义务，并有充分理由保证所出具的评估结果遵循了客观、真实、公正的原则。

☞ "义利99"评估结果是项目组依据合理的内部评估模型、评估流程和评估标准做出的第三方独立判断，不存在因评估对象和其他任何组织或个人的影响而改变评估结果的情况。

☞ 本评估报告中依据的相关信息主要是由上市公司披露的公开信息，其他信息由项目组从其认为可靠、准确的渠道获得，如权威媒体、国家部委网站、法院判决文书等。项目组对本次评估所依据的相关资料的真实性、准确度、完整性、及时性进行了必要的核查和验证，但对其真实性、准确度、完整性、及时性不作任何明示或暗示的陈述或担保。

☞ 本次评估的对象是2018年6月调整的沪深300成份股，项目组不保证中国全体上市公司社会价值排名前99的上市公司都在2018年"义利99"排行榜里。

☞ 本次评估依据的是上市公司2017年度资料，项目组不保证所包含的内容以及据此得出的评估结果不发生变化。

☞ "义利99"排行榜不用于任何营利性目的，也不作为任何投资依据或决策指引。

声 明

☞ 本报告对沪深 300 成份股社会价值评估的任何表述和判断，并不意味着社投盟实质性建议任何个人或机构据此报告采取投资、借贷等交易行为，也不能作为个人或机构购买、出售或持有相关金融产品的依据。社投盟不对任何投资者使用本报告所表述的评估结果而造成的任何损失负责。

☞ 本报告相关知识产权已由公益组织社投盟进行注册，版权所有，依法保留各项权利。任何个人或组织可以引用、复制或翻译其部分内容，但须注明出处。未经社投盟事先书面授权，不得将本报告中的评估结构用于任何营利性目的，不得为商业之目的复制本报告。

图书在版编目(CIP)数据

发现中国"义利99"：A股上市公司社会价值评估报告.2018 / 社会价值投资联盟（深圳）著. -- 北京：社会科学文献出版社，2018.12
 ISBN 978-7-5097-8084-8

Ⅰ.①发… Ⅱ.①社… Ⅲ.①上市公司-价值-评估-研究报告-中国-2018 Ⅳ.①F279.246

中国版本图书馆CIP数据核字（2018）第295219号

发现中国"义利99"
——A股上市公司社会价值评估报告（2018）

著　者 / 社会价值投资联盟（深圳）
主　编 / 马蔚华

出 版 人 / 谢寿光
项目统筹 / 邓泳红　吴　敏
责任编辑 / 吴　敏

出　　版 / 社会科学文献出版社·皮书出版分社（010）59367127
　　　　　 地址：北京市北三环中路甲29号院华龙大厦　邮编：100029
　　　　　 网址：www.ssap.com.cn
发　　行 / 市场营销中心（010）59367081　59367083
印　　装 / 天津千鹤文化传播有限公司
规　　格 / 开　本：787mm×1092mm　1/16
　　　　　 印　张：12.25　字　数：156千字
版　　次 / 2018年12月第1版　2018年12月第1次印刷
书　　号 / ISBN 978-7-5097-8084-8
定　　价 / 89.00元

本书如有印装质量问题，请与读者服务中心（010-59367028）联系

▲ 版权所有 翻印必究